ANTON GOTS

Das Ja zum Kreuz

VERITAS-VERLAG LINZ–WIEN

CIP-Kurztitelaufnahme der Deutschen Bibliothek

Gots, Anton:
Das Ja zum Kreuz / Anton Gots. – 8. Aufl. – Linz; Wien:
Veritas-Verlag, 1984.
ISBN 3-85329-413-8

© Veritas-Verlag Linz; alle Rechte vorbehalten
Gedruckt in Österreich; 8. Auflage/84
Kirchliche Druckerlaubnis: B. O. Linz, Zl. 107
Ordensimprimatur erteilt am 6. 3. 1970 von
P. Provinzial Leonhard Gregotsch
Umschlaggestaltung: Anton Hauser
Druckerei: OÖ. Landesverlag Ges.m.b.H., Linz

ISBN 3-85329-413-8

VORWORT

Den Hintergrund zu den Ausführungen dieses Buches bildet der Alltag in der Krankheit — einer Krankheit, die den Autor durch viele Monate betroffen hatte und die sehr lange alle Anzeichen auf negativen Ausgang an sich trug.

Der Inhalt der folgenden 30 Kapitel ist das Ringen um den Sinn eines solchen aussichtslosen Daseins; um den Glauben an die Anwesenheit Gottes mitten in Not und Schmerz; um die Bewältigung der täglich erlebten Bedrohung mit der Hilfe des Glaubens.

Jedes einzelne Kapitel spricht für sich und ist auf „Bekenntnis" hin ausgerichtet, ein Bekenntnis, in welchem in offener und unverblümter Schilderung die ganz persönliche Erfahrung mit dem „Leben aus dem Glauben" angesichts der zahlreichen Probleme persönlicher und öffentlich-kirchlicher Art ausgesprochen ist.

Was mich veranlaßt hat, diese Aufzeichnungen zu veröffentlichen, ist die Verpflichtung zur Zeugenschaft und zum Bekenntnis, die gerade in diesen sturmbewegten Tagen der Christenheit auf jedem Getauften ruht. Und ich habe das Vertrauen, daß das Buch vielen Kranken und Leidgeprüften, aber auch allen, die heute auf der Suche nach Gott sind, eine Hilfe ist.

Der Verfasser

VORWORT ZUR 8. AUFLAGE

Innerhalb weniger Jahre mußte „Das Ja' zum Kreuz" achtmal neu aufgelegt werden – ein Zeichen der Aussagekraft der einzelnen Darlegungen. Diese Resonanz hätte ich mir, als ich noch im Krankenbett lag und die Kapitel konzipierte, selbst nicht erwartet.
In zahllosen mündlichen und schriftlichen Reaktionen haben mir kranke, behinderte oder sonstwie leidende Menschen, aber auch viele völlig gesunde Mitbürger ihre Betroffenheit geschildert, aber auch von dem Trost und der Hilfe berichtet, die sie aus dem Buch schöpfen. Darüber kann ich mich nur freuen und wünschen, daß noch viele Menschen sich in ihrer Geschichte vor Gott und mit Gott im „Das ‚Ja' zum Kreuz" wiederfinden mögen. Für eine große Zahl von Menschen ist der Titel dieses Buches zum Programm ihres Lebens geworden: Nicht Auflehnen und Aufbegehren gegen ein unabwendbares Schicksal, sondern – ab einem bestimmten Punkt – Bejahung desselben macht frei und läßt ungeahnte Tiefen im Menschen zutage treten.
Ich kann auch das Folgende nicht unerwähnt lassen, weil es mit diesem „Ja zum Kreuz" (einerseits mein Versuch, das Leiden zu meistern, andererseits der Titel meines vorliegenden Buches!) seinen Anfang genommen hat: die Gründung einer inzwischen viele tausende leidende und helfende Menschen umfassenden geistigen und religiösen Gemeinde, der Katholischen Krankenvereinigung Österreichs, die ich im Jahre 1970 ins Leben rief und seitdem leite. Leidende und Helfer sind in dieser Gemeinschaft in Einzelgruppen zueinander in Beziehung gebracht und helfen sich gegenseitig durch brieflichen und sonstigen Kontakt, aber auch durch Begegnungen bei Meditationskursen, Einkehr-

tagen, Seminaren etc. zur Bewältigung ihres Lebens und Leidens. Nicht weniger als ca. 60 dieser größeren und kleineren Veranstaltungen konnte ich in den letzten 10 Jahren abhalten.

Aus diesem seelsorglichen Kontakt erwuchs schon sehr bald die Einsicht, daß es für viele schwerstbehinderte Menschen in unserem Land kein lebenswertes Leben gibt, weil sie 24stündige Pflege brauchen würden, diese aber durch die Familie und Verwandten nicht erhalten, oder weil sie keinen Beruf mehr ausüben können. Um ihnen ein lebenswertes Leben ermöglichen zu können, wurde der Verein ,,Lebenswertes Leben" gegründet (Sitz in Linz), dessen Leitung ich seit 1973 innehabe.

Die Eröffnung eines Heimes für körperlich Schwerstbehinderte und die Idee, für solche körperbehinderte Mitbürger in einem Behindertendorf alle vorhandenen Möglichkeiten zu einem sinnvollen Leben anzubieten, waren für mich eine sehr konkrete Konsequenz aus dem ,,Ja zum Kreuz".

Das Behindertendorf Altenhof ist im Jahre 1981 fertiggestellt worden und liegt im Zentrum Oberösterreichs, mitten im herrlichen Hausruckwald: in Altenhof am Hausruck. Es bietet Platz für 169 schwerst körperbehinderte Menschen. Zu ihrer Betreuung stehen ca. 130 hauptamtliche Mitarbeiter aus allen Fachbereichen (Pfleger, Therapeuten etc.) zur Verfügung.

Möge auch die 8. Auflage von ,,Das ,Ja' zum Kreuz" möglichst vielen Menschen zum Segen gereichen!

Der Verfasser

Inhaltsverzeichnis

	Seite
Wohin Du nicht willst	7
Die Gemeinde wächst	13
Dein Kreuz	18
Wenn ihr einen Glauben habt	21
Ich glaube	25
Gott ist da	28
Maria, Heil der Kranken	34
Brot des Lebens	40
Missa est	44
Suchen, was droben ist	50
Wie ein Steinwurf	54
Danke	58
Stichwort „Freude"	63
Atmen in Gott	69
Beten ist besser	73
Zwei oder drei in Seinem Namen	79
Dein Wort ist Leuchte für meinen Fuß	82
Leben in Fülle	89
Menschen um mein Bett herum	96
Warum das alles?	102
Die Welt ist schön	108
Des anderen Last	115
In dieser schweren Stunde der Kirche	120
Der Priester muß opfern	126
Den „Kairos" erkennen	136
Rufen Sie den Priester	146
Jetzt und in der Stunde unseres Todes	152
Ich kann nicht mehr	158
Erste Schritte	164
Und morgen werde ich gesund sein	170

... WOHIN DU NICHT WILLST

In jedem Menschen ist ein tiefes Verlangen danach, heil und glücklich zu sein, im Vollbesitz und in der vollen Verfügbarkeit über alle Kräfte des Leibes und der Seele seinen Platz in diesem Leben auszufüllen. Der Mensch streubt sich, den Weg zu betreten, der von Leid, von Krankheit, von Entbehrung aller Art abgesteckt ist, so wie Simon Petrus sich dagegen gewehrt hat, mit Christus nach Jerusalem ziehen zu sollen, wo Leiden und Tod Christi warteten, und der Kreuzweg auch für jeden künftigen Christen eröffnet wurde.

Die erste Konfrontation mit dem eigenen Kreuz ist wohl immer von innerem Aufruhr, von Abwehr, von Flucht und Nichtwahrhabenwollen gekennzeichnet. Erst allmählich wird man Schritt für Schritt und durch die harten Tatsachen des Unabwendbaren und Unaufschiebbaren eingeführt in die Gedanken und Pläne, die Gott mit einem vorhat.

Wohin die Reise geht, in welche Dimensionen des menschlichen Daseins, in welche Höhen und Tiefen, in welche äußersten Bezirke des menschlich noch Tragbaren und Erlebbaren, das weiß ich an jenem Morgen nicht, an dem ich „angeschlagen" zum Wagen humple, der mich in das Krankenhaus bringen soll. Der Kopf ist noch voller Pläne für die nächste Zukunft, der Terminkalender strotzt von Vormerkungen, und der Schreibtisch ist noch ganz so, als sollte ich in nur wenigen Tagen wieder an ihm sitzen und weiterarbeiten. Denn diese kleine „Reparatur" nach einem unbedeutenden „Betriebsunfall" wird sehr bald, so glaube ich noch fest, behoben sein.

Wenn ich heute zurückblicke, so erkenne ich sehr deutlich, daß jener Gang zum Krankenwagen das letzte

Stück eines Lebensweges darstellt, der ein für allemal hinter mir liegt und unwiderruflich abgeschlossen ist.

Man kommt aus einer Krankheit nie wieder so heraus, wie man in sie hineingegangen ist. Sie hinterläßt ihre Spuren und Prägungen für das ganze Leben.

Vorbei ist mit diesem letzten Gang, rein äußerlich gesehen schon, die Verfügbarkeit über einen heilen und geraden Körper. Ich trage einen „Denkzettel" davon, der mir anhaften wird bis zum Lebensende. Vorbei ist die Gewißheit, unentbehrlich zu sein an dem Posten, den ich bisher ausgefüllt habe. Vorbei sind auch die ersten zehn Jahre meiner Existenz als Priester.

Was wird kommen — und wie werde ich die nächsten zehn Jahre durchlaufen? — Ich weiß es nicht! Ich weiß nur, daß es oft so ausgesehen hat, als gäbe es für mich keine „weiteren zehn Jahre" mehr.

Von jenem ersten Morgen an nimmt sich zunächst alles so aus wie ein tägliches Abschiednehmen, ohne daß ich es merke oder wahrhaben möchte oder überhaupt weiß, wohin die Reise geht. Das Krankenzimmer wird meine neue Heimat und das Krankenbett mein einziger „Bewegungsraum". Hier werde ich Ereignisse ablaufen sehen, deren letzte und tiefste Zusammenhänge mir wohl nie aufgehen werden.

Was mich sehr bald erregt, ist die Entdeckung, daß sich mein Leben von dem der anderen fortbewegt, ein eigenes Geleise anläuft, und sich sein Eigensein anbahnt. Das festzustellen, fällt nicht leicht. Es führt in die Einsamkeit mit sich selbst; es ist ein Teilvorgang dessen, was wir Selbstwerdung des Menschen nennen — und die ist in ihrem Verlauf immer schmerzhaft. Sie ist in diesen Tagen zudem noch begleitet von einer plötzlich und unvorbereitet aufgezwungenen absoluten „Untätigkeit" und von dem sehr bald einsetzenden, nahezu ununterbrochenen Trommelfeuer körperlicher Schmerzen, ja Qualen. Man glaubt, im luftleeren Raum zu schweben, keinen Halt mehr zu haben, allein hinauszutreiben auf einem einsamen Floß in ein unsicheres, aufgepeitschtes Gewässer.

Eine biblische Szene kommt mir immer wieder in den Sinn, die diese Situation des plötzlich aufgerüttelten Menschen so nahegehend zeichnet. Petrus, der erste Papst der Kirche, wird von Christus einmal gleichfalls auf sein eigenes „Lebensgeleise", auf seinen je eigenen inneren (und äußeren) Weg der Berufung und Christusnachfolge gestellt. Isoliert von den anderen, sieht er, wie er sich von allen übrigen Aposteln, besonders von dem bisherigen Freund Johannes, entfernt, und ganz beklommen tastet er um sich in der Frage: „Herr, aber was wird mit diesem?" (Johannes). Christus aber antwortet: „Was kümmert das dich? — Du folge mir nach!" (Jo 21, 21 f.)

Der Ruf auf den je eigenen Lebensweg bleibt für den Menschen meist so lange nichts Außergewöhnliches, als er sich vollziehen kann im Rahmen des bisherigen, „normalen" Lebensvollzuges in der Vollkraft über alle verfügbaren Kräfte und Fähigkeiten. Der Mensch schreckt aber auf und zurück, wenn er an den Außenrand gerufen wird, an die letzten Grenzen seines Seins und herangeholt wird zu Verzicht und Absage an alles Altgewohnte und zu Bedrohtheit. Die Schrift führt auch das Wort an Petrus an: „Ein anderer wird dich gürten und dich führen, *wohin du nicht willst.*" — Wir scheuen uns, hinzugehen, wohin uns ein anderer führt. Das Stehen in der Masse ist viel bequemer.

In der Krankheit aber muß man sich begegnen und sein Eigensein annehmen.

Eine zweite Entdeckung mache ich — und sie ist nicht minder herb und unerbittlich. Es ist die immer deutlicher werdende Einsicht, daß ich nicht unersetzlich bin, daß mein bisheriges Engagement ausgewechselt werden kann, daß es auch ohne mich gehen muß — und geht!
Ein solcher Gedanke tut weh. Normalerweise legt ihn die Natur dem Menschen erst am „Abend des Lebens" nahe. Und auch da können noch Schmerz und Resignation heraufziehen. Aber ich glaube, im Alter ist der Mensch von innen her doch bereiter, reifer, für das Loslösen und Aufgeben gerüsteter. Er ist wie ein reifer Apfel im Herbst, der sich leicht vom Stamme trennt.
Beim Jugendlichen jedoch bäumt sich die Natur vehement auf und läßt den Menschen sich mit allen Fasern am Leben festhaften. Das menschliche Sein ist aber auf Aufgeben, auf Wandlung, auf Loslassenkönnen angelegt. Und das bedeutet Trennung, Schmerz, Geburt des Neuen nach dem Abschied vom Bisherigen, von dem, was Halt und Festigkeit gab, auch vom sicheren Besitz dessen, was das Leben werthaft macht — ohne schon der neu aufbrechenden Gestalt der morgigen Daseinsform und Sicherheit habhaft zu sein.
Krankheit wird mir mehr und mehr zum „metaphysischen Ereignis", zu einem Geschehen an mir, das mich aus der Mitte des Nur-Zeitlichen herausholt und an jene Grenze bringt, wo sich Vorläufiges und Unwandelbares, Zeitliches und Ewiges, Anfang und Ziel, Menschliches und Göttliches nahekommen, ja förmlich berühren und ineinander übergehen. In diesem Ereignis zu stehen, es an seinen Gliedern als wirksam zu erahnen, bedeutet eine ungeheure Spannung. Man muß sie aushalten, durchstehen lernen, dann leuchtet einem ein heller Schein auf, der immer stärker wird:

der Glanz und die Helle, die von der Nähe Gottes ausgehen und seinem Kommen vorausleuchten.

Denn das ist die dritte Entdeckung dieser Wochen des Anfangs: die Anwesenheit Gottes auch auf dieser neuen Bahn meines Daseins. Sie ist in diesen Tagen allerdings eher etwas, das mühselig herausgeschält und erarbeitet werden muß, das man zu erkämpfen hat und oft nur unter Tränen herabzwingen kann. Von jener beglückenden Ruhe, die später einmal Gelassenheit, Er-Gebung und Aufruf ausstrahlen wird, ist die Präsenz Gottes noch nicht.

Etwas Tastendes, vorsichtig Abwägendes, ängstlich Ausschauendes liegt noch über der Seele, die von Gottes Nähe inmitten der täglich heraufbrechenden Bedrohung bereits „weiß", die aber noch nicht rückhaltlos hinauskann, um Gott ohne Vorbehalt zu ergreifen. Es ist noch immer — und weiterhin sehr lange — etwas von jener Haltung in der Seele, die nicht dorthin will, wohin der „andere" führt.

Auch das Kranksein will gelernt sein. Diese Schule wird keinem erspart, für den die Krankheit zur länger dauernden Daseinsform wird. Es darf nicht verwundern, wenn es nicht immer Erfolge gibt, und man dem reichlich harten „Stundenplan" dieser Schule nur allzu gerne entkommen möchte. Zudem ist das geflügelte Wort in Umlauf, daß Ärzte, Krankenschwestern und Geistliche die schwierigsten Patienten sind.

Es ist keine Schande, dies alles einzugestehen. Ich habe gesehen, daß Gott ein sehr geduldiger Lehrmeister ist, der warten kann, bis man ihn so annimmt und erkennt, wie er ist und erkannt werden will.

Unter dieser Geduld Gottes liege ich also da und lerne, mich selbst zu ertragen, mit mir geduldig zu bleiben —

schwierigste Aufgabe dieser ersten und überhaupt aller weiteren Wochen!
Ich spüre ein Abenteuer heraufziehen, in das einzugehen mir noch nicht restlos gelingen will.
Und doch gibt es kein Zurück mehr.
Was wird noch alles kommen?

DIE GEMEINDE WÄCHST

Während ich von aller Außenwelt abgeschlossen daliege und Tage und Wochen lang nicht einmal Besuche empfangen darf, geht daheim und an vielen anderen Orten ein buchstäblich tausendstimmiger Gebetssturm zum Himmel für meine Rettung. Gelegentlich dringt die Kunde davon bis an mein Krankenbett. Und immer häufiger kommt es vor, daß ich von irgendwoher Genesungswünsche und Zusicherungen des Gebetes erhalte, auch von Menschen, die ich nie gesehen und von denen ich nie gehört habe. Was bin ich für sie auf einmal, und was kann ihnen ein völlig Unbekannter bedeuten?

„Mit Deiner Krankheit hast Du Menschen wieder zum Beten gebracht, die schon jahrelang nicht mehr gebetet oder eine Kirche betreten haben", sagt mir eines Tages ein Mitbruder.

Was ist auf einmal mit mir geschehen?

Ich muß mir Dinge erzählen lassen, an denen ich vollkommen unschuldig bin, und die ohne mein geringstes Zutun ablaufen.

Noch nie ist mir das Wort des hl. Paulus so aufgegangen, wie jetzt, daß wir nämlich Glieder am gemeinsamen Leibe Christi sind, daß wir in Christus zusammengehalten werden, einander tragen und helfen, miteinander auch aufstehen.

Gott! Man hat es immer wieder selbst gepredigt und anderen gesagt — hier aber wird es zum Erlebnis, hier reicht diese Wahrheit bis an die eigene Haut.

Irgendwo betet, opfert und leidet jemand für Dich. Daß Du Priester geworden bist und es heute noch immer sein darfst, das ist die Frucht der Gebete und Opfer vieler anderer.

Als Priester gehöre ich nicht mehr mir, sondern allen; ich gehöre der Kirche, dem ganzen Volk Gottes, das jetzt für mich betet, daß ich ihm gesund wiedergeschenkt werde.

Die Wahrheit, daß wir, in Christus geeint, füreinander da sind, hat noch eine andere Seite. Und auch sie wird mir von Tag zu Tag mehr zu einem Erlebnis, in dessen Bann ich gerate.

Nicht nur zu mir ist ihr Strom der Gebete und des Segens unterwegs, ich muß (und darf) erleben, daß ein gleicher Strom von mir zurückgeht zu den anderen. Ich kann sehen — die Anzeichen sind zu offensichtlich — daß ich nicht Endstation bin, sondern Durchgang nach oben hin, Umschlagplatz für die Güte und Gnade Gottes.

Und eines Tages habe ich Briefe von Menschen in der Hand, die bei mir waren, und ich erschrecke fast, als ich sie lese.

„Gott sorgt wirklich dafür, Menschen zu begegnen, die Brücke sind, um in trüben Stunden Trost und neuen Mut zu finden. Ja, das durfte ich wirklich bei Ihnen erleben. Ihr Gebet, das Sie mir geschickt haben, ist wirklich ein Seil, an dem man sich halten kann, um durch die dunklen Stunden zu finden." — „Heute hat für mich wieder der Alltag begonnen, und viel froher als sonst ging ich an die Arbeit, und das verdanke ich Ihnen!"

Stimmt das, oder muß ich ehrlicherweise diese Briefe verbrennen? Ich verbrenne sie nicht! Ein Anderer, Höherer, hat seine Hand im Spiel, hält dort Ernte, wo ich gar nicht gesät habe.

Aber eines wird mir bewußt: Die Ernte kann größer, reichlicher, herrlicher werden, wenn ich nicht bloß zusehe und an mir gewähren lasse, was unabdingbar ist, sondern wenn ich auch mein Kranksein zur Arbeit mache und mit Gott mitarbeite. Eines Tages erhalte ich auf einer Spruchkarte diese Losung eingehämmert: „Auch Leiden und Kreuztragen ist Arbeit, sogar solche, die nicht jeder leisten kann und will. Selig, die leiden, sie erlösen mit dieser Arbeit die Welt, auch wenn sie sonst arbeitslos sind."

So muß ich sehen, wie sich um mein Bett herum eine *Gemeinde* bildet, eine unsichtbare, mir unbekannte Gemeinde, die mich braucht, für die ich da sein muß, und die von meiner täglichen Arbeit im Krankenbett lebt, wie ich von ihren Gebeten lebe. Mag sein, daß ich viele, die zu dieser Gemeinde gehören, persönlich überhaupt nie kennenlernen werde, von denen ich aber doch weiß, daß sie mir ihre Leiden schenken und täglich für mich beten.

Es ist schon lange meine Überzeugung, daß nicht nur jeder Priester, sondern — in der Nachfolge Christi — auch jeder andere Getaufte diese seine „Gemeinde" hat, Menschen, die ihm Gott von Ewigkeit zugedacht, an sein Leben gebunden hat, daß er, und vielleicht nur er, sie in die Ewigkeit hinüberbete und hinüberrette. Viele Mitglieder dieser Gemeinde mag der Priester, der Gläubige, wirklich von Angesicht zeit seines Lebens kennenlernen und als die „Seinen" erkennen, — viele, und wahrscheinlich den größeren Teil der „Gemeinde", wird er erst in der Ewigkeit sehen. Wir sind alle füreinander da. Wir sind einander zum Schicksal, zur Gabe, aber auch zur Aufgabe geworden. Im Verhalten dieser „Gemeinde" gegenüber müssen die Aussagen des 17. Kapitels des Johannesevangeliums, in welchem Jesus im sogenannten „Hohepriesterlichen Gebet" für seine Jünger betet, die Norm abgeben. Wie Jesus für alle jene betet („für sie bitte ich

... die Du mir gegeben hast", V. 9) und sich heiligt („für sie weihe ich mich, damit auch sie in Wahrheit geweiht seien", V. 19), die ihm der Vater „gegeben hat", so wird auch der Christus-Jünger in Gebet und Opfer täglich für seine „Gemeinde" vor den Vater treten und sich sorgen, daß keiner verlorengehe von denen, die der Vater auch ihm anvertraut hat. „Von denen, die Du mir gegeben hast, habe ich keinen verloren" (Jo 18, 9).

Daran muß ich immer denken, wenn ich höre: dieser oder jener Priester, diese Ordensperson hat den Beruf aufgegeben und ist davongegangen, oder: dieser Christ hat seinen Glauben verleugnet und will von Gott und der Kirche nichts mehr wissen. Es ist so schnell und leicht getan, alles an den Nagel zu hängen. Man kann entschuldigend hören, das müsse noch nicht den Verlust des letzten Heiles für diese Menschen bedeuten. Mag sein! Aber ich frage mich, was wird aus ihrer „Gemeinde", wer springt für sie ein, was wird aus der Herde, wenn der Hirte sie im Stich läßt?

Der Beter des Psalmes 68 mag diesen Ernst der Verantwortung für seine Mitmenschen vor Gott schon geahnt haben, wenn er davor zittert, er könnte den anderen zum Hindernis und Verderben werden. „Laß an mir nicht enttäuscht werden, die auf dich harren, Herr. Laß meinetwegen nicht zuschanden werden, d. i. ihr Heil verwirken, die Dich suchen, Gott Israels." (Ps. 68, 9 f.)

Wer zu meiner Gemeinde gehört, weiß ich nicht. Die Zahl derer, die ich bewußt hinzunehme, wird täglich größer. „Die Gemeinde wächst!" Das Wort „Gemeinde" wird zum Stichwort, mit dem ich anderen in den Ohren liege, um sie um ihre Mithilfe anzubetteln.

Es ist herrlich, für andere dazusein. Auch mit diesem grauen, unergiebigen Alltag. Was für einen Sinn das Leben doch auf einmal erhält! Es erfüllt mich mit Freude und Dankbarkeit, für andere da sein zu können.

„Die Gemeinde wächst" — und darum auch das tägliche Arbeitspensum. So viel ist mit Gott auszumachen, so viel zu besprechen, an so viele täglich zu denken. Unmerklich, aber ganz sicher, gleitet der Blick von den eigenen kleinen und großen Sorgen weg und findet die anderen: vor allem jene, die noch mehr zu tragen haben und vielleicht über weniger Hilfen verfügen. Und eines Augenblicks ist man soweit, ehrlich froh zu sein, daß alles im Leben so gekommen ist, wie es ist, und daß man es gar nicht anders haben möchte. Es gibt eine bittere Versuchung in langer Krankheit. Sie mag um so schmerzender empfunden werden, je jünger einer ist, und je aussichtsloser die Chancen werden, noch einmal ganz fit in das Leben zurückzukehren. Diese Versuchung ist der quälende Gedanke, nicht mehr gebraucht zu werden, abgeschrieben zu sein und schon so frühzeitig auf dem Abstellgeleise zu stehen.

Der unentwegte Gedanke an „seine Gemeinde" ist eine Form jenes sicheren Glaubens, der die Welt, die solche Versuchungen täglich aufkommen läßt, überwindet.

Gott braucht uns für unsere Gemeinde!

DEIN KREUZ

Wie aus heiterem Himmel ist die jähe Verschlechterung des Zustandes eines Morgens da. Eine nahezu unstillbare Magenblutung!
Einen halben Tag arbeiten die Ärzte ununterbrochen, bis die bedrohliche Krise für das erste gebannt ist.
Für den Fall, daß sich die Blutungen wiederholen und ein operativer Eingriff notwendig werden sollte, werde ich auf die chirurgische Abteilung der großen Klinik verlegt.
Es geht alles gut vorüber, und nach einigen Tagen darf ich „heim" in mein altes Krankenzimmer auf der Internen Abteilung. Hier nimmt sich die Schwester meines kleinen Koffers an und legt meine Sachen, die man mir mit auf die Wanderschaft gegeben hat, in den Schrank. Ein abgegriffener, vergilbter Briefumschlag fällt aus einer Innentasche des Koffers. „Was ist das?" Die Schwester reicht mir das Kouvert. Ich entnehme ihm zwei Karten, die eine zeigt eine Ikone, eine Madonna, die zweite ist eine Spruchkarte. Wer hat sie in den Koffer getan? — Und wann? Ich weiß es nicht. Ich habe sie nie in meinem Leben gesehen. Sicher wurden sie nicht während der Monate meiner Krankheit hineingetan. Mag sein, daß ich sie schon seit vielen Jahren im Koffer durch alle Welt trage.
Die Spruchkarte trägt die Überschrift „Dein Kreuz" und bringt einen Text des heiligen Franz von Sales:

> *Wenn alle Engel, alle Genies der Welt studiert hätten,*
> *was wohl in dieser oder jener Lage nütze,*
> *dieses oder jenes Leid,*
> *diese Versuchung oder jener schmerzliche Verlust,*

> *sie hätten nicht finden können,*
> *was für Dich passender gewesen wäre,*
> *als was Dich getroffen hat.*
> *So hat Gottes ewige Vorsehung von*
> *   Anbeginn gesonnen,*
> *um Dir dieses Kreuz aus seinem Herzen*
> *als kostbares Geschenk zu geben.*
> *Er hat es, ehe er es Dir schickte,*
> *mit seinem allwissenden Auge betrachtet,*
> *mit seinem göttlichen Verstand durchdacht,*
> *   mit seiner weisen Gerechtigkeit geprüft,*
> *und mit seinem liebenden Erbarmen durchwärmt.*
> *Er hat es mit seinen beiden Händen gewogen,*
> *ob es nicht um einen Millimeter zu groß,*
> *um einen Milligramm zu schwer sei.*
> *Dann hat er es gesegnet mit seinem*
> *   heiligen Namen,*
> *mit seiner Gnade gesalbt*
> *und mit seinem Trost durchhaucht*
> *und noch einmal auf Dich und Deinen Mut*
> *   geblickt.*
> *So kommt es nun geradezu aus dem Himmel*
> *   zu Dir*
> *als ein Ruf Gottes und*
> *als ein Geschenk seiner erbarmenden Liebe,*
> *damit Du ganz selber werdest*
> *und in Gott Deine Erfüllung findest.*

Ich lese den Text immer wieder, gerade an solchen Tagen, an denen es trotz aller Anstrengung nicht mehr recht weitergehen will und der Himmel verschlossen scheint.

Was ich lese, ist wie eine Antwort des Himmels auf meine Situation. Ist es nicht eigenartig, daß man solche Antworten oft lange schon bei sich trägt, ohne sie zu sehen, zu vernehmen! Gott richtet sein Wort im rechten Augenblick an uns. Man muß für seine verborgene Gegenwart nur Augen des Glaubens haben. Gott ist da, und ich trage heute schon die Lösungen meiner Probleme von morgen und die Ausrüstung für meine Wege von übermorgen in mir.

Und was soll ich zum Inhalt des Textes sagen?

Was einem in Augenblicken ratloser Einsamkeit so wohltut, ist das Wissen, daß *er da ist*, nicht als bloßer Zuschauer, Wärter oder Wächter, sondern als der Vater, der mit Liebe, Wärme, Fürsorge und Bedachtsamkeit zumißt, was wir gerade jetzt (noch) zu ertragen vermögen.

Solches Wissen, daß das Kranksein „Mein Kreuz" ist, für mich von Gott bemessen, gewogen und dann gesegnet, ist ein Anker, der festhält und über die allfälligen täglichen Trübsale hinweg Zuversicht und Kraft gibt.

Und das Kreuz fängt an, faßbarer, tragbarer zu werden, weil es nicht mehr als Fluch, sondern als *Erweis seiner Liebe* erkannt ist.

Seitdem betrachte ich nicht nur selber immer wieder „Mein Kreuz", sondern gebe den Text bei jeder nur passenden Gelegenheit auch an andere Mitkranke und Leidgeprüfte weiter. Und ich kann erleben, wie auch sie aufatmen, weil sie erkennen, wie nahe Gott mit seiner Liebe ist, und wie froh wir sein dürfen, uns von ihm getragen zu wissen.

WENN IHR EINEN GLAUBEN HABT ...

Sie kam immer wieder in mein Krankenzimmer. Sie wußte, daß ich Priester bin. Und so mußte wohl eines Tages das Gespräch auf „religiöse Dinge" kommen, auf *die* religiösen Dinge ihres Lebens. Ein armer Mensch! Sie glaubte an kein Jenseits, keinen Herrgott, kein Weiterleben nach dem Tod.
Und doch mußte ich sie bewundern. Mit welcher Hingebung sie den Dienst versah, mit welcher Selbstverständlichkeit sie die schwierigsten Dinge anpackte und löste. Durch ihre Geistesgegenwart hat sie mir das Leben gerettet. „Herr, mach ihr eines Tages die Augen auf, und schenke ihr das Licht des Glaubens!"
Viele Menschen möchten glauben und können nicht. Es sind nicht immer oberflächliche Geister oder flache Genießer. Es gibt starke und edle Menschen unter den Nichtglaubenden, die uns, die wir uns im Besitz des Glaubens wähnen und uns darauf etwas einbilden, zutiefst beschämen. Auch ihnen wird die Härte des Lebens nicht erspart, aber sie tragen dieselbe oft mit großer Geduld, mit Ruhe und Gelassenheit und jammern nicht so schnell über die Last.
Wir können und dürfen glauben. Was würden viele Nichtglaubende aus ihrem Leben machen, wenn sie die Gnade des Glaubens von Gott geschenkt erhielten!
Was haben wir durch den Glauben?
Glaube ist *Anker*, der uns an den Grund des Seins bindet, uns dadurch festigt und Zuversicht verleiht. Es mag durchaus Stürme geben in unserem Leben und hohen Wellengang. So lange wir am Anker hängen, bleiben wir mit Gott verbunden.
Glaube ist *Licht* und Leuchte durch diese Welt.
In diesem Licht vermögen wir zu sehen, auch dann,

wenn schon alles um uns herum dunkel ist. In ihm finden wir immer wieder zu Gott zurück. Dieses Licht läßt uns erkennen, daß *er* da ist und sich von uns nicht zurückzieht.

Der Glaube ist es, der täglich die Welt überwinden hilft und die vielen Wenn und Aber, die so oft aufsteigen möchten, zur Seite schiebt.

Das alles ist Glaube für mich und für jeden, der ihn haben darf. Wer so glauben kann, ist nicht nur in Gott verankert und findet nicht nur für sich allein zum Licht. Er wird auch selbst Anker und Leuchtturm für die Unsicheren, die Gefährdeten, die Ertrinkenden, die Gestrandeten.

Man glaubt an Gott niemals allein, nur für sich, man glaubt immer für viele andere mit.

Wer zu Gott „ja" sagt, wer sich mit Gott im Glauben einläßt, wird zu einem Durchgangslager für alle, die der Ewigkeit entgegengehen. Gott wird in jenem Menschen — und durch ihn in vielen anderen — gegenwärtig und mit ihm die ganze Fülle des Gnadenreichtums, der durch Christus bereitgestellt ist.

Ich schaue zurück in die heilige Geschichte, in der Gott mit uns Menschen das Bündnis des Vertrauens eingegangen ist. *Abraham* wurde von Gott zum Stammvater all derer bestellt, die zum Glauben kommen sollten. Von ihm wird Härtestes verlangt. Er soll trotz der Verheißung, durch seine Nachkommenschaft Segen für alle Völker zu werden, das Zeichen der Echtheit dieser Verheißung, nämlich den einzigen Sohn, selbst auslöschen, indem er ihn hinschlachtet. Eine unverständliche Zumutung! Unvollziehbar für den natürlichen Verstand und voller Widerspruch. Von Abraham wird aber berichtet, daß er hinging und alles bis auf den letzten I-Punkt genau ausüben wollte. „Er wurde im

Glauben nicht schwach", schreibt Paulus, „überzeugt, daß Gott erfüllen kann, was er bereits verheißen hat" (Röm. 4, 18 f.).

So ist es ferner bei *Maria*, der Mutter des Herrn, welche die Verheißung hatte, daß sie den Sohn Gottes selbst zur Welt bringen werde. Da er aber auf Erden ist, sieht sie vor sich nur ein schlichtes Menschenkind, das unter schwierigen Verhältnissen zur Welt kommt, groß wird und unter bitteren Begleitumständen das Leben lassen muß.

Aber eine Haltung kennzeichnet ihren Lebensweg, die Haltung des täglichen „Ja" zu allem, was Gott mit ihr und ihrem Kinde vorhat: „Siehe, ich bin die Magd des Herrn!"

„Wenn etwas ihre Größe offenbart", sagt Romano Guardini, „dann der Ruf ihrer Verwandten: ‚Selig, Du, die Du geglaubt hast'. — Maria hat geglaubt und sie hatte diesen Glauben immer wieder neu aufzurichten. Immer stärker, immer härter. Ihr Glaube war größer, als je ein Mensch ihn gehabt hat. Abraham steht da in der furchtbaren Erhebung seines Glaubens; aber von ihr ward Größeres gefordert als je von einem Menschen."[1])

So ist es schließlich auch bei *Petrus*, dem ersten Papst der Kirche. Bei M 14, 23 ff steht die Begebenheit des Wandelns Jesu über die Wogen des Sees. Petrus erkennt den Meister und läßt sich von ihm anrufen. „Wenn du es bist, Herr, dann sag, daß ich kommen soll." Jesus sagt: „Komm!" Und Petrus steigt ohne Bedenken aus dem Boot.

Glaube ist Vertrauen und Sichstützen auf die Verheißung, auf die Zusage Gottes, daß er da ist; ist tägliches Mitgehen mit Gott in immerwährendem Jasagen

---

[1]) Romano Guardini, Der Herr, Würzburg, ¹⁰1951, S. 11.

zu allem, was Gott will; Glaube ist aber auch spontane, bedenkenlose, frische und frohe Antwort auf Gottes Anruf.

Wer so glauben kann, hat die Stütze im Gehen, hat Boden unter den Füßen und kann jederzeit „aus dem Boot steigen". Er wird wie Abraham, wie Maria, wie Petrus zum Wendepunkt des Lebens für andere.

Ein Glaube ist nötig, der glüht, der aufrichtet, der wettmacht, was andere durch Nichtglauben versäumen; der Lücken zudeckt. Ein Glaube jenseits aller Kleinlichkeiten und täglichen ichbezogenen Reservationen des Lebens.

Ohne diesen Glauben kann ich das Leben nicht bestehen und im Alltag nicht Sieger bleiben.

In diesem Glauben aber wird alles hell: das Kreuz, die Hostie, das Opfer, der tägliche Tod in das Sterben Jesu hinein. Nur in diesem Glauben ist der wahre Friede und die echte, unverlierbare Freude.

Abraham hat geglaubt, und er wurde so zum Vater vieler Völker. Maria hat geglaubt, und sie wurde von ihrem Sohn seliggepriesen, weil sie das Wort Gottes gehört und durchgehalten hat bis zum letzten Atemzug. Und für Petrus hat Jesus selbst gebetet, daß sein Glaube nicht wanke, damit er seine Brüder stärken könne.

„Wenn ihr einen Glauben habt..." sagt Jesus. Wenn ich diesen Glauben doch hätte!

Nach oben hin gibt es kein Maß für den Glauben. Darum gilt immer: „Ich glaube, Herr, hilf meinem Unglauben!"

Und jeden Tag gilt für mich und für alle: Wir müssen unverrückbar fest im Glauben begründet stehen (Kol 1, 23), damit dieser Glaube leuchte und uns selbst und viele zum Siege führe!

ICH GLAUBE

Gott spricht zu mir in der Hl. Schrift:
> *Mein bist du. Sei ohne Furcht. Ich rufe Dich bei Deinem Namen. In meine Hand habe ich Dich geschrieben. Ich bin bei Dir.*

An diese Worte hänge ich mich.
Ich glaube.
Aus diesen Worten lebe ich.
Aus ihnen ertrage ich mein Dasein.
Sie sind mir Brücke über die Abgründe.
Seile am Abhang.
Wegweiser aus dem Dunkel.
Ich habe Schmerzen und erleide Qualen.
Aber ich glaube an *seine* Anwesenheit.
Ich trage jetzt an *seinem* Kreuz.
Es drückt.
Ich stöhne, ich schreie auf.
Aber ich glaube.
Ich glaube, daß ich in seine Hand geschrieben bin;
daß *er* bei mir ist.

Ich glaube mit meiner Ungeduld
> *mit meiner Gereiztheit,*
> *mit meiner Unerträglichkeit anderen gegenüber,*
> *mit meiner Verzagtheit,*
> *mit meinem Stöhnen und Jammern.*

Ich glaube, obwohl ich nicht mehr schlafen kann,
> *obwohl ich meine Zukunft nicht kenne,*
> *obwohl die Schmerzen immer unerträglicher werden,*
> *obwohl die Medikamente nicht mehr angreifen,*
> *obwohl ich von Tag zu Tag weniger werde.*

Ich glaube, daß *er* mir nahe ist.
Ich glaube, obwohl ich ganz allein bin und niemand mir helfen kann,
> *obwohl ich von Hand zu Hand gereicht,*
> > *von Tür zu Tür gewiesen werde,*
>
> *obwohl ich das Opfer einer falschen Behandlung bin,*
> *obwohl man mich für wehleidig hält und für einen Simulanten.*

Ich glaube, daß jetzt noch *er* bei mir ist.
Ich glaube, obwohl die Meinen jetzt allein sind,
> *ratloser als ich,*
> *gefährdeter als ich,*
> *weniger umsorgt als ich.*

Ich glaube, daß *er* auch bei ihnen ist.
Ich glaube, auch wenn er mich hinwegnimmt,
> *mich morgen nicht mehr braucht,*
> *übermorgen auf das Abstellgeleise stellt,*
> *mich abtreten heißt und*
> *meine Lebensuhr abstellt.*

Ich glaube, daß *er* mich dann aufnehmen wird. Er kennt mich ja, ich bin in seine Hand geschrieben.
Ich fürchte mich nicht, wirklich nicht.
Wenn ich nicht glauben könnte, müßte ich jetzt
> *mit Gott hadern,*
> *Gott anklagen,*
> *mein Leben verwünschen,*
> *mich quälen mit Fragen nach dem Warum, Wozu, Wie-lange-noch;*
> *müßte meine Mitmenschen anklagen;*
> *hartherzig sein und nachträgerisch;*
> *müßte vielleicht mit dem Leben Schluß machen*

All das aber ist mir erspart, denn ich *glaube,*
> *ich kann glauben, ich darf glauben!*

Weil ich glaube, kann ich innerlich gelöst sein,
kann gelassen jedem Tag entgegensehen,
kann erkanntes Unrecht übergehen,
kann mich sogar freuen,
über dieses Leben,
über diese Krankheit,
über meine Schmerzen,
über den morgigen Tod;
kann alles liebend bejahen
und es nicht anders haben mögen,
als wie es ist.
Weil ich glaube, brauche ich keine Angst zu haben und keine Furcht. „Furcht schafft Qual. Furcht findet sich nicht in der Liebe", die aus dem Glauben an *ihn* kommt (1 Jo 4, 18).
Im Glauben siege ich täglich tausendmal.
Ich kann glauben. Ich darf glauben.
Dank für dieses Glaubenkönnen!

GOTT IST DA

In dem tastenden Bemühen, in meine neue Existenzweise hineinzuwachsen und in ihr die Anwesenheit Gottes wiederzufinden, der „nicht fern ist einem jeden von uns", und erst recht in diesen Tagen Stütze und Freude sein muß — in diesem Bemühen stoße ich bei der Lektüre eines Buches auf eine Legende[2]), die sich wie eine Antwort des Himmels ausnimmt:

„Es waren zwei Mönche, die lasen miteinander in einem alten Buch, am Ende der Welt gäbe es einen Ort, an dem Himmel und Erde sich berührten. Sie beschlossen, ihn zu suchen und nicht umzukehren, ehe sie ihn gefunden hätten. Sie durchwanderten die Welt, bestanden unzählige Gefahren, erlitten alle Entbehrungen, die eine Wanderung durch die ganze Welt fordert, und alle Versuchungen, die einen Menschen von seinem Ziele abbringen können. Eine Türe sei dort, so hatten sie gelesen, man brauche nur anzuklopfen und befinde sich bei Gott. — Schließlich fanden sie, was sie suchten. Sie klopften an die Tür. Bebenden Herzens sahen sie, wie sie sich öffnete. Und als sie eintraten, standen sie zu Hause in ihrer Klosterzelle. Da begriffen sie: der Ort, an dem Himmel und Erde sich berühren, befindet sich auf der Erde, an der Stelle, die Gott uns zugewiesen hat."

Gott ist also auch für mich nicht irgendwo über den Himmeln, sondern an der Stelle, wo ich lebe. Er ist auch, und gerade, *hier* in meinem Krankenzimmer. Er war bisher dabei, auch an jenem Mittag des Unfalles,

---

[2]) Abgedruckt bei Jörg Zink, Zwölf Nächte, Sonderausgabe für die Bonner Buchgemeinschaft, Bonn o. J., S. 214.

da der ganze leidige Prozeß ins Rollen gebracht wurde, war dabei bei jedem der zahlreichen ärztlichen Eingriffe. Er ist bei mir, wenn ich stöhne und jammere, mich freue oder traurig bin, er geht mit mir in die schlaflosen Nächte und ist mir zur Seite, wenn ich einem neuen Tag mit unvorhergesehenen Ereignissen entgegensehe. Und ich bin gewiß, er ist auch morgen schon dagewesen.

Er ist nicht gegenwärtig als stummer Beobachter, als „blinder Passagier", dem mein Leben gleichgültig wäre. Er ist da als der, welcher fürsorgend und disponierend eingreift, für mich vorausplant und mir, an allem anteilnehmend, seine Kraft gibt und mitträgt.

Die Anwesenheit Gottes ist eine kostbare Entdeckung. Allmählich erkenne ich, was mir durch das tägliche Erlebnis dieser seiner Anwesenheit alles erspart bleibt. Denn es ist gar nicht so selbstverständlich, beim Ansturm von Leiden und Qualen von solchen Ausmaßen nicht in Aufruhr und Aufbegehr oder in dumpfe Resignation zu verfallen oder die Fäuste nicht geballt zum Himmel zu strecken. Unter dem Druck von Schmerzen und dem Erlebnis der eigenen Ohnmacht kann es allzu leicht auch die negativen Reaktionen geben. Ergebung und Verzweiflung liegen bedrohlich nahe beieinander. Der Gedanke an den anwesenden Gott ist jedoch ein Seil, an das man sich binden kann und muß, will man nicht in die Tiefe der Verzweiflung stürzen. Gott nahe zu wissen und sich an ihn klammern zu dürfen, ist eine Gnade, für die man nicht genug danken kann.

Gott ist da! Bei näherem Zusehen merke ich, daß es eigentlich gar nicht anders sein kann, als daß Gott da ist, nämlich auf Grund der Wirklichkeiten aus der heiligen Taufe, aus der wir leben. Wie man das nur so leicht vergessen kann!

Gott muß gnadenhaft da — und in mir — sein, eben weil ich getauft bin. Durch die Taufe bin ich hineingenommen in den Lebensstrom des dreifaltigen Gottes selber, an dessen eigenem Leben ich Anteil habe. Darin besteht meine Andersartigkeit und Sonderstellung als Christ vor allen übrigen Menschen, die nicht getauft sind.

In mir ist der dreipersönliche Gott anwesend mit der ganzen Fülle seiner Schöpferliebe, seiner Erbarmung und seiner Heiligung. Wenn und so lange ich zu dieser Anwesenheit Gottes in mir stehe, bin ich in der rechten Ordnung, bin heil, und zugleich ist meine gesamte mitmenschliche und mitgeschöpfliche Umwelt von dem Heil berührt und dem in mir anwesenden Gott nahegebracht.

Das „Harren der Schöpfung auf die Offenbarung der Kinder Gottes", ihre Sehnsucht, „an der herrlichen Freiheit der Gotteskinder teilnehmen zu können" (Röm 8, 19—22), erlangt in mir wie in jedem Getauften eine erste Erfüllung.

Darum kann ich dankbar und froh daran festhalten, daß von dieser Anwesenheit Gottes alle Bereiche meines Seins bis in ihre letzten Verästelungen und Wertzusammenhänge hinein erfaßt sind; daß alle Menschen und die Dinge, die in meine Nähe kommen, Gott nahe sind, der bei mir ist und in mir. Und so bin ich wohl so etwas wie ein äußerster Punkt des Lebensraumes Gottes in dieser Welt, an welchem man bei Gott anlangen kann, und durch den Gott in die Welt hineinreicht und hineinwirkt.

Ich kann und muß Gott also treffen, indem ich ihm in erster Linie in mir selbst begegne, mich ihm stelle, ihm für sein Da-sein und sein Wirken Raum in mir gebe in einer Weise, die nicht bloß irgendwie neben mir auch da sein darf, sondern die meinen eigenen Lebensvollzug selbst und total erfassen, in Gang bringen und in Aktion halten muß. Alles Suchen- und Findenwollen Gottes außerhalb meiner — im Bruder, in der Schöpfung — hat erst ein zweiter, wenn auch notwendiger und indispensabler Akt zu sein.

Von dieser Gottinnigkeit und Gotteinigkeit, von Gottes Innewohnen in mir, hat dann jedes weitere Wirken in die Umgebung hinaus seinen Ausgang zu nehmen, wenn nicht jedes Tun nach außen hin ein hohler Aktivismus sein soll, der eher eine Flucht an den Außenrand des Seins darstellt als aufbauende, konstruktive Weltgestaltung von einer bergenden Mitte weg und zu dieser Mitte zurück.

Diese Anwesenheit Gottes auf Grund der Gnadenwirklichkeit aus der Taufe erhält täglich eine beglückende Verdichtung durch die Einigung mit der Person des Sohnes Gottes im Sakrament seiner Liebe. Christus kommt in Brotsgestalt zu mir, um mir nahe und gegenwärtig zu sein, indem er seine Bleibe nimmt im tiefsten Inneren meines Wesens, dort, wo ich ganz ich selbst sein kann und wo nichts da ist, was nicht ich bin. Und der äußere Raum, in dem ich liege, wird zum Gotteshaus, und — ungeheuerlicher Gedanke — dieser Leib, der in diesen Monaten Kampffeld der Mächte des Lebens und des Todes ist, wird zum lebendigen Tabernakel, in welchem Gott wohnt. Ich bin umgeben von Gott, ich bin eingetaucht in Gott, ich atme in Gott. Denn er lebt nun in mir. Ich leide in *ihm* (und er in mir), ich weine, freue mich, hoffe in *ihm*. *Gott ist da!*

Gott ist mir aber täglich auch vielfach gegenwärtig in meinen Brüdern und Schwestern, die dienend oder sonstwie Anteil nehmend, an mein Krankenbett kommen. Auch das muß ich sehen. Sie sind auch Christen und bringen mir — jeder in seiner je persönlichen, einmaligen Weise — *seine* Gegenwart nahe.

In ihrem Trost des Wortes erkenne ich seine mittragende Anteilnahme, in ihrer Sorge für meinen morgigen Tag, in allen ihren Disponierungen sehe ich seine Für-Sorge und Vor-Sehung. Er spricht mir aus jedem ihrer Worte, aus dem von ferne herkommenden Gruß auf der Postkarte, aus den Blumen, aus den kleinen Gaben der Freundlichkeit und des wohlwollenden Gedenkens.

Gott ist bei mir! Diese Einsicht weist ihre täglich neuen Köstlichkeiten auf. Eine Gelöstheit und Gelassenheit kommt über mich, ein Hinwegsehen-können von den eigenen Fragwürdigkeiten und Begrenztheiten, die dem Erwachen eines sonnigen Tages gleichen. Das Bewußtsein, von keinem geringerem als von *ihm selbst* angenommen zu sein, schafft festestes Vertrauen und sieghafte Zuversicht in alle Ereignisse, die für dieses Dasein noch vor-gesehen sind, weil alles gut sein wird, was und wie es kommt.

Ich kann ruhig die Nacht hereindämmern lassen und gelassen dem neuen Tag entgegengehen. So sagt mir die Schrift: „Legst du dich nieder, so brauchst du keine Angst haben. Ruhst du, so schlummerst du süß. Du brauchst nicht zu bangen vor plötzlichem Grauen" (Spr 3, 24). Und ich muß wirklich antworten: „Wanderte ich selbst in finsterem Tal, ich würde kein Unheil fürchten. *Denn du bist bei mir"* (Ps 22, 4).

Freude und Frieden, die auch in den dunkelsten Nächten nicht erlöschen, erwachsen mir aus diesem Wissen um *seine* Gegenwart. In ihnen formt sich wie von selbst das Wort des Dankes dafür, da-sein und Gott repräsentieren und zeigen zu dürfen, wie er da ist.

Und wenn inmitten dieser Seligkeit ein Gedanke des Bangens aufkommt, dann ist es nur dieser, das Zeugnis von *seiner* Anwesenheit nicht „überzeugend", nicht lauter genug leben zu können und den Blick der Menschen auf *ihn* hin durch die Jämmerlichkeiten und Halbheiten des eigenen Lebensvollzuges zu verdunkeln.

Die Welt im Krankenzimmer wird mir bald zu eng. Dieser Raum, dieses Leben ist zu klein, um Gott ganz einfangen zu können. Ich muß die Fenster und Türen öffnen, alle Welt einladen, damit sie teilhabe an dieser permanenten Kommunion mit Gott.

Die Ereignisse an meinem kranken Leib nehmen ihren vorgezeichneten Verlauf. Aber sie werden mehr und mehr nur zum äußeren Rahmen und zur sinnbildlichen Hülle für etwas ganz anderes, das sich dahinter abspielt.

Im Auf und Nieder des Krankheitszustandes künden sich die Seligkeiten und Leiden jenes Vorganges an, der in den Tiefen der Seele abläuft: das Ineinandersein von Gott und von jenem Menschen, der ich zu sein gerufen bin.

MARIA, HEIL DER KRANKEN

Wie ich bereits berichtet habe, gelangt in meinem Krankenzimmer auf eigenartige Weise ein Marienbild zum Vorschein. Dieses Bild wird von der Schwester an einer leicht sichtbaren Stelle aufgestellt. Maria ist somit selbst irgendwie in meiner Nähe „anwesend", und ich darf annehmen, daß sie mit besorgtem Mitfühlen die einzelnen Tagesereignisse um mein Krankenbett herum mitverfolgt.

Eines ist mir gewiß, und des werde ich immer wieder versichert: Es wird viel gebetet für mich, sehr viel. Die erste Adresse vieler dieser Gebete ist die Gottesmutter Maria. In Briefen, bei Besuchen und in Grußbotschaften sagt man mir immer wieder, daß bei Wallfahrten und öffentlichen Gebeten in der Gemeinde die Mutter des Herrn auf mich „aufmerksam gemacht wird". Ich muß wohl ein „Sorgenkind" nicht nur meiner Verwandten und der Pflegepersonen, sondern auch des Himmels geworden sein.

Warum schaltet man gerade Maria ein, wenn es um das „Heil eines Kranken" geht? — Warum kann ich zuversichtlich auf dieses Bild der großen Frau sehen, das in der Zimmerecke aufgestellt ist?

Es ist theologisch und psychologisch tief begründet, wenn wir Christen gerade Maria die Kranken anempfehlen. Die Stunde, da sie zu Füßen des Kreuzes ihres Sohnes stand, ist der Ausgangspunkt solchen Vertrauens. Jesus hat, so ist es die einhellige, gut begründete Auffassung der Kirche, die Menschheit und Christenheit seiner Mutter mit jenen bekannten Worten am Kreuz anvertraut: „Siehe da, dein Sohn — Siehe da, deine Mutter."

Daß sie uns Mutter sein soll, ist Jesu letztes Vermächtnis für Maria. Wir gehören zu ihr, wie sie uns anvertraut und übergeben ist. Und wie jede Mutter sich um die gefährdeten Kinder besonders sorgt, so muß wohl auch der Kranke, der Leidende, der vielfach Gefährdete, ihr als Mutter besonders am Herzen liegen.
Zudem hat jeder Gläubige, der in Not, Krankheit und Leid geraten ist, die Gewähr, von ihr verstanden zu sein. Maria kennt das Leid aus eigener Erfahrung. Sie ist zeitlebens unter dem Wort des greisen Simeon gestanden, daß ein Schwert ihre Seele durchdringen werde. Sie hat die Schmerzen und den Tod ihres Sohnes am Kreuze „noch einmal durchstanden". Sie weiß, Das gibt jedem, der sich zu ihr wendet, das Bewußtsein, mit seinen Anliegen gut anzukommen.
wie es um Betrübte, um leiderfüllte Menschen steht. Wer glauben will, was Gott uns in der Mutter seines Sohne schenkt, der kann erkennen, daß Gott es gut mit uns will.
Auch zu Maria findet man nur im Glauben an Gottes Macht und Berufung Zugang. Es ist zwecklos, mit einem Menschen über Maria zu sprechen, der diesen Glauben an *Gott* nicht besitzt.
In Maria stehen wir vor dem gottwohlgefälligsten Menschen, dem Meisterwerk, das aus Gottes Hand hervorgegangen ist. Sie ist die allseits Wohlgeratene.

Das Bild, das uns Gott in Maria von seiner Schöpfung zeichnet, ist dazu angetan, auch den heutigen fragenden Menschen anzusprechen. Der Mensch liebt es, sich sagen zu lassen, daß er eigentlich besser ist, als er sich oft erleben muß; daß es innerhalb der Kette der Menschheitsfamilie *ein* Glied gibt, das ganz tadellos ist, mit dem er sich identifizieren darf, in welchem er sich verwirklicht sehen kann. Der Mensch kann sich in der Jungfrau von Nazareth wiederfinden, wenn er sich zu seinem Gott in Beziehung setzt. Sie gehört zu dieser Menschheit. Sie ist daher der „Ruhm Jerusalems, die Freude Israels, die Ehre unseres Geschlechtes". Maria ist aber vor allem *Mutter*. Es ist im Reiche Gottes ihre Funktion, das göttliche Leben weiterzugeben. Das ist ihre Sendung. Die Begegnung mit Maria bleibt daher niemals bei der Bewunderung stehen. Wer ihr nahekommt, gerät in den Strahlungsbereich ihrer Makellosigkeit und ihrer eigenen Gottesnähe. Wenn man zu ihr beten und in ihrer Nähe sein möchte, wächst man hinein in die Sphäre Gottes, der bei ihr ist, und ist behütet in dieser Nähe zu Gott.

Das alles läßt mich während des Tages und in den schlaflosen Nächten immer wieder zum Rosenkranz greifen.

Im Laufe der Monate stelle ich eine eigenartige Wandlung in mir fest. Ich merke, daß ich eigentlich gar nicht mehr um die unbedingte Genesung bete. Überhaupt wird es mehr und mehr für mich uninteressant, wie es mit mir morgen weitergeht — nicht aus Apathie oder Fatalismus. Vielmehr wächst in mir die Erkenntnis, daß es allein darauf ankommt, täglich im Willen Gottes zu stehen, Tag für Tag alles aus Gottes Hand anzunehmen und so „Kapital zu schlagen" aus dem Kranksein — für die vielen, die den „Ertrag" aus meiner Krankheit so notwendig brauchen. Eine Ruhe, ein Friede, ja eine Heiterkeit liegen über mir, die mich auch alles Harte in dem rechten Stellenwert zu besehen befähigen. Und eines Tages, nach sehr vielen und harten Monaten, nehme ich wahr, daß die argen und bedrohlichen Rückfälle ausbleiben und die Kräfte des Leibes zusehends und spürbar wieder wachsen. Maria bewirkt das Heil, indem sie erkennen hilft, worauf es im Kranksein eigentlich ankommt!

Das alles sind Dinge, die den Rahmen von ganz gewöhnlichen „Allgemeinplätzen" nicht überschreiten. Ich weiß das. Aber es sind meine Erfahrungen. Ich weiß auch, daß ich das alles viel zu „fromm", zu „konservativ", zu wenig „theologisch tiefgründig" gesagt habe. Der Inhalt des Gesagten sind eher psychologische als theologische Fakten, höre ich sagen. Und doch habe ich es bewußt nur so „schmal" fundiert.

Wer glaubt, *lebt* diesen Glauben. Das heißt zwar nicht, daß er keinen tragfähigen Unterbau für sein Glaubensleben besäße; es besagt aber wohl, daß er nicht nötig hat, die einzelnen Pfeiler stets nach ihrem Vorhandensein abzutasten, um sich ihrer gewiß zu bleiben. (Wir brauchen uns vor dem Beten eines „Vaterunser" auch nicht jedes Mal die Existenz Gottes zu beweisen.) Glauben ist das Leben aus der Anwesenheit Gottes heraus.

So ist es auch mit der Bejahung Mariens in unserem konkreten Leben. Es genügt das Wissen um ihr „Dasein", das ein Beauftragt- und Gesendetsein durch ihren Sohn ist. Wer dieses Dasein Mariens als Sendung auch für sein Leben annehmen will, muß es in den täglichen Vollzug der Existenz integrieren. Wer es nicht annimmt, ist verwiesen an ihren Sohn und hat *ihm* und nur IHM! Rechenschaft zu geben.

Wer aber vorgibt, in Christus zu sein und zu leben, wird im „nächsten Umkreis" Christi notwendig auf Maria stoßen und mit ihrer Sendung für sein Leben konfrontiert werden.

Warum also, so frage ich mich, diese komplizierte und gewundene Akrobatik, um an Maria im Christentum vorbeizukommen?

Der Christ, der Glauben hat an den Gottessohn, bleibt bei Maria, weil sie Jesu ist; er bleibt bei Christus, der wiederum der Sohn Mariens ist.

Ich weiß auch, daß ich das alles schreibe zu einer Zeit, da die Gefühle der Gläubigen der Mutter des Herrn gegenüber ziemlich systematisch abgekühlt, ja abgedrosselt werden. Ich weiß, daß man Maria aus Predigten, Exerzitien, Einkehrtagen — aus der Schulkatechese — lieber ausschaltet; daß einzelne Grundpfeiler katholischer Marienverehrung (Mariendogmen) erschüttert werden in unverständlichem Vorwitz, in rationalistischem Eigendünkel und unkirchlicher, untheologischer Überheblichkeit. (Natürlich kenne ich auch die Auswüchse unreflektierter Übertreibungen in einer ungesunden, unkirchlichen Marienverehrung!)

Maria weiß um ihr „Magdsein" und um ihre Dienstfunktion im Reiche Gottes!

Aber was heute geschieht, ist Demontage bis zur Entstellung, ist Rückfall in einen Infantilismus, der sich noch dazu mit dem Mantel der geistigen Vollreife, der Emanzipation aus dem Stadium gefühlsmäßiger — geistig noch rückständiger — Bedürftigkeit aufputzt. Es gibt jedenfalls zu denken, daß mit dem Verschweigen Mariens, mit der Ausschaltung der hohen Frau aus dem Vollzug des religiös-kirchlichen Lebens die Austritte aus Priester- und Ordensstand immer zahlreicher, „gelockerte" Auffassungen in Fragen der Ehe- und Geschlechtsmoral immer umgreifender und das Anrennen gegen den „Pflichtzölibat" der Priester immer stärker werden. Die untergründige, metaphysische Logik dieser Zusammenhänge dürfte dem klar sein, der aus der Sicht Gottes, — d. i. theologisch im besten Sinne des Wortes! — das Heilsein des Menschen vor Gott anzunehmen bemüht ist.

Gott setzt auch auf Erden schon „Helfer" ein, damit wir das Heil erlangen. Das nicht einzusehen und die Vermittler des Heiles nicht anzunehmen, führt zum ziellosen Alleingang des Menschen.

Es ist darum auch zu beachten, daß die Ablehnung (oder Nichtbeanspruchung) Mariens zur Ablehnung überhaupt jeder menschlichen Vermittlung zwischen Gott und Mensch führt, und auch die Kirche in ihrer Rolle als Mittlerin des Heiles nicht mehr anerkannt wird. Maria führt nie von Gott weg, sondern zu Gott hin. Und die Einstellung zu ihr zieht — faktisch — auch die Einstellung zu Gott und Kirche nach sich.

Wie die Anwesenheit eines lieben Menschen in Situationen besonderer Gefährdung schon Stütze und Segen ist, so bedeutet Mariens Nähe in der Krankheit Freude, Zuversicht und Geborgenheit. Glücklich dann derjenige, der in dieser Atmosphäre der Geborgenheit und Unbekümmertheit noch beheimatet ist. Heute ist es überall so kalt, so seelenlos und herzlos. Gerade diejenigen, die diese Feststellung nicht wahrhaben wollen, bezeugen es ungewollt, daß wir im täglichen christlichen Leben den „marianischen Zug" nötiger haben denn je.

Die Mutter des Herrn ist in meinem Zimmer, und ich glaube daran, daß die vielen Gebete, die sie für mich entgegennimmt, Tag für Tag ihre Wirkung tun, ohne daß ich sagen und abgrenzen kann, wo Mariens Hilfe eingreift oder aufhört.

Ich kann meinerseits nicht mehr passiv sein, sondern muß die Nähe der Gottesmutter nützen, weil ich weiß, daß sie den „Erlös" dieser Stunden wieder weitertragen kann, um auch den vielen anderen, die mehr zu tragen haben als ich, *Mutter* und *Heil* in ihrer Krankheit zu sein.

BROT DES LEBENS

Monate hindurch ist *der erste Gast*, der mein Zimmer betrit, niemand anderer als *Christus* selbst. Während über der Krankenstation noch tiefes Dunkel liegt, und sich in den Nebenzimmern das Leben erst allmählich zu regen beginnt, betritt *er* mein Zimmer zur allmorgendlichen Begegnung.

Das ist ein großer Trost in meiner Krankheit. So habe ich *ihn* immer bei mir, und ich bin tagsüber niemals allein. Ich brauche nicht in weite Fernen fort zu beten. Diese vier Wände meines Krankenzimmers, dieses Bett, diese Gegenstände hier werden zu stummen Zeugen *seiner* Anwesenheit. Dieser kranke Leib wird zu *seinem* lebendigen Tempel, zum Tabernakel *seiner* Gegenwart.

Alle, die während des Tages mein Zimmer betreten, müssen von dieser Gegenwart des Herrn etwas mitbekommen, müssen spüren, daß ich nicht allein bin und aus Eigenem schöpfe, sondern aus *ihm* lebe.

Ein Tag ohne *ihn* wäre leer wie eine Mahlzeit, bei der keine Speisen auf den Tisch kommen. *Er* ist so nötig für mein Leben, wie das Brot nötig ist für den Leib. Er ist *Brot der Seele*.

Er ist *Brot*, nicht süßer Kuchen, an dem man schwelgen kann und sonst nichts. Ich brauche in diesen Monaten für mein inneres Leben keine „Süßigkeiten", ich brauche auch keine „Vor- und Nachspeisen". Ich brauche festes „Hauptgericht" — hartes, kräftiges, unentbehrliches Brot, von dem allein ich leben kann ohne Beigabe; Brot, das aus sich heraus und für sich allein die Kraft hat, das Leben zu erhalten. Dieses Brot ist mir Christus, der mir in den Tagen meiner Krankheit Kraft ist.

Es geht am Krankenlager auch noch hart weiter, wenn man Christus bei sich hat. Die „Arbeit" hört nicht auf; die Sepsis kocht weiter in den Gliedern; der Leib brennt im Fieber, und das Maß des Erträglichen ist meist längst überschritten. Aber es wird alles tragbar, weil *er* da ist und Kraft gibt.

Überhaupt überwiegen die Augenblicke, in denen man nur noch aus *seiner* Gegenwart lebt und zu leben imstande ist. Man kann darüber nicht viel reden. Man kann dieses Geheimnis *seiner* Gegenwart nur leben und lieben. Dann erst wird man seiner Tiefe und Seligkeit inne. Und wenn man Worte zu formen beginnt, sind sie nur Gestammel. Was im Inneren vor sich geht, bleibt verborgen. Und das ist auch gut so!

Gott bereitet mit eigenen Händen den Tisch.

Wer nicht herantritt, muß allein durch den Alltag gehen. Wehe aber dem, der auf dem Wege des Kreuzes allein ist.

Wer zu diesem Mahl hinzutritt, erhält Gott selbst als Weggefährten, der mitträgt und Kraft gibt, durchzuhalten.

Er ist da!

Er kann auch aus meinem Versagen noch Siege davontragen. Dann sind es seine Siege. Es sind immer seine Siege! Ich habe mir schon lange abgewöhnt, auf den „Erfolg" zu sehen. Es steht geschrieben: „Ohne mich könnt ihr nichts tun" und: „Wenn ihr das alles getan habt, dann saget: wir sind unnütze Knechte". Also gehört *ihm* der größere Anteil — ja der ganze Anteil! Ich lese aber auch: „Ich vermag alles in dem, der mich stärkt." Das muß ich wörtlich nehmen. „Alles!" Dann kann ich kühn werden und zuversichtlich, und auch die Niederlagen werden noch zu Siegen. Aber das erfordert einen festen und blinden Glauben an seine Allmacht in mir, gerade dann, wenn ich vor den Scherben und Trümmern aus meiner eigenen Nichtigkeit stehe. Denn auch Niederlagen gibt es in dieser Krankheit. Aber sie erfolgen unter *seinen* Augen, und darum sind sie letztlich Siege.

Eine umwandelnde Kraft geht von diesem Brot des Lebens aus. Von Mal zu Mal wird man tiefer hineingenommen in das Leben, das zwischen Vater und Sohn im Heiligen Geist hin- und zurückwogt. Christus ist präsent und mit ihm dieses Leben des dreifaltigen Gottes.

Wo aber Gott ist, dort ist schon Himmel. Denn Gott, das ist Himmel. In dieser Zeitlichkeit trennt uns nur noch die Hülle unserer erdgebundenen Leiblichkeit von der unverhüllten Schau, von der unverlierbaren Teilhabe an dieser in Christus anwesenden Herrlichkeit. Kraft seines Fleisches und Blutes haben wir das Leben bereits in uns (Jo 6, 54), und wir werden umgewandelt in den Leib seiner Verklärung und bleiben wohlbehalten für den Tag der Auferstehung.

Was tut es also, wenn noch heute der Tod kommt. Er ist schon besiegt, und sein Stachel ist schon gebrochen. Denn der Same der Unsterblichkeit ist bereits in mir.

Und ein Letztes in diesem Zusammenhang:

Diese göttliche Speise hat eine gemeinschaftsbildende Kraft. So oft ich von *seinem* Tische esse, weiß ich mich geeint mit allen, die gleich mir Christen sind, die zum gleichen Mahl der Liebe herantreten und der ewigen Herrlichkeit entgegengehen.

Christus schmiedet uns in jeder Kommunion fester zusammen und übergibt uns einander neu, daß wir füreinander da seien und uns gegenseitig zur Ewigkeit hinanführen.

Wehe dem Einzelgänger gerade in unseren Tagen! Wir brauchen heute mehr als je zuvor die Stütze und den Halt im Bruder, in der Gemeinschaft der Gleichgesinnten. Hier ist das Band dieser Einheit: Christus in uns!

Das Bild des Münchner Eucharistischen Kongresses vom Jahre 1960 steigt in meiner Erinnerung auf: Bei einer gemeinsamen Eucharistiefeier, an der nahezu 300.000 Menschen teilnehmen, reichen die Kommunikanten einander die Hände und bilden kommunizierend eine riesige Kette.

In der Einheit der Gesinnung und des Willens müßten wir diesen Leib des Herrn empfangen und in dem Bewußtsein jeden neuen Tag beginnen, daß wir in *ihm* eine starke, in Glaube und Liebe geeinte Kampfschar darstellen, an der der Ansturm des Unglaubens, der Lieblosigkeit — der Hölle abprallen muß. Mit Christus in unserer Mitte müßte uns dies jeden Tag gelingen!

Es ist eigentlich ganz zweitrangig, wie meine äußeren Lebensverhältnisse im Augenblick liegen.

Im Verein mit *ihm* und in der Gemeinschaft meiner Mitchristen bin ich stets in Übermacht gegenüber allem, was jeder neue Tag an Destruktivem und Unvorhergesehenem bringen mag.

Und vor allem: Ich fürchte mich nicht!

Ich bin gut ausgerüstet. Ich bin vortrefflich gestärkt durch das „Brot des Lebens".

Gott ist bei mir!

MISSA EST

Nach mehr als sechs Monaten kann ich wieder an einer heiligen Messe teilnehmen. Die Patres unseres Ordens der Kamillianer haben die Erlaubnis, die Messe auch in Krankenzimmern feiern zu dürfen. Ich fühle mich bereits so weit bei Kräften, daß ich der Feier ohne zu große Anstrengung folgen kann.
So wird einen Meter von meinem Bett entfernt der Tisch zum Altar bereitet, und ein Mitbruder feiert das heilige Meßopfer. Meßfeier nach einem halben Jahr ohne heilige Messe! Wieder drei Monate weiter, und ich erlebe eine andere große Freude. Im Bett liegend, darf ich zum erstenmal mitfeiern in der Form der Konzelebration, also selbst das Opfer darbringen. Und das nun immer öfter, ja bald täglich!
Ich will jetzt über das tägliche Erlebnis dieser „wiedergeschenkten Messe" meinen Gedanken nüchtern nachgehen.
Mein Krankenzimmer wird zum Abendmahlsaal, und es ist der gleiche Christus, den es „mit großer Liebe danach drängt", mir sein Opfermahl persönlich zu bereiten. Einen Meter von mir entfernt, läßt er das Kreuz aufrichten und opfert sich erneut hin für das Heil der Menschen. So ganz nahe bin ich bei Golgotha! Es wäre Blindheit, nicht zu sehen, daß ich jetzt alles, was mich bewegt und bedrängt, auf seinen Altar legen muß. Denn auch mein Leben im Krankenbett nimmt er hin auf den Opferteller und in den Kelch, um es dem Vater im Himmel hinzuhalten für die vielen, die in diesem Augenblick auf das Opfer warten.
Ja noch mehr: Ich liege zelebrierend im Bett. Und dieses Bett, dieser stumme Zeuge mancher Stunden der Verzagtheit und Qual, das oft beinahe so hart war wie

ein wirkliches Kreuz, wird nun ganz buchstäblich zum Altar seines Opfers.

Was einem dabei doch alles durch die Seele zieht! Gott allein weiß es. Aber gesagt kann es werden, daß alle, die in die Nähe dieses Altares gelangen, unmittelbar Friede, Zuversicht und unsagbare Freude empfinden und die Gewißheit, von Gott angenommen zu sein auch mit jenen Augenblicken, von denen nur Verzagtheit und Scherben übriggeblieben sind und die, menschlich gesprochen, ganz und gar unergiebig waren.

In meinem Zimmer vollziehen sich Opferung, Wandlung, Kommunion. Ich bin hineingenommen in diese drei Geschehnisse, die zu jedem Meßopfer gehören und die sich vor meinen Augen vollziehen.

Was ich in der *Opferung* hinlege, muß ein Teil von mir selbst sein, der stellvertretend für mein ganzes Leben vor Gott hingehalten wird. Es muß, so spüre ich es, vom Besten das Beste sein. Denn Zweitrangiges, Abfall, Ausschußware kann ich Gott nicht anbieten. Was habe ich augenblicklich zur Verfügung? Es ist leider nicht viel: Es ist mein Kranksein, es sind die Schmerzen, die „Unproduktivität", das Aushaltenmüssen, die Ungeduld..., lauter belanglose Dinge, mit denen man nicht renommieren kann. Für sich genommen, sind sie wirklich nichts. Sie gelten aber alles und das Beste, wenn ich sie täglich erst aus Gottes Hand annehme. Dann kann ich sie und will sie auch hinlegen, Gott anbieten und sagen: Nimm sie an, heiliger Vater! Mehr habe ich nicht. Mehr bin ich im Augenblick nicht.

In der *Wandlung* geschieht der wunderbare Austausch zwischen Himmel und Erde. Gott wird gegenwärtig in diesem Raum, indem er Gaben dieser Erde zur bergenden Hülle seiner Gegenwart macht, und der Mensch, der ich bin, wird in den göttlichen Strom hineingenommen, der vom Opfer ausgeht. Wie Brot und Wein in den Leib und in das Blut Christi gewandelt werden, so wird alles, was ich zuvor in der Opferung zu Christi Opferteller hinzugelegt habe, nun in der Wandlung sozusagen vergöttlicht, in Gott aufgenommen.

Mein ganzes Leben wird ein Instrument in Gottes Hand zur Rettung vieler. Krankheit, Leid, Not und Tod sind mir nicht mehr Fluch, sondern Segen, der aus dem Kreuz Christi kommt.

All das vollzieht sich in der Wandlung. Wenn ich ganz miteingehe in diese, werde ich zu einem permanenten Träger dieses Segens, dieser Gnade für die Welt, der Freude und inneren Umgestaltung.

Die *Kommunion* ist die Bestätigung dessen, was in Opferung und Wandlung mit mir geschehen ist. Weil ich zur Kommunion zugelassen bin, habe ich für mich das Zeugnis, daß ich in Gott aufgenommen bin. Die Kommunionfeier ist das Siegel Gottes auf mein Leben. Die Anwesenheit Gottes in dieser Welt verlängert sich von Altar und Tabernakel weg in meine Wesensmitte hinein. Gott wird in mir der nahezu greifbare äußerste Zipfel seines dargereichten Heiles zur gesamten nichterlösten Welt hin.

Alles in mir ist nun geborgen in dieser Gemeinschaft mit Gott: das Leid, jede Betrübnis, die Freude, der Friede, auch der Tod. Sie sind Christi geworden. Sie erlösen mit. Sie sind zum Heil.

Und alle, die ich im Geiste mitgenommen habe in diese Mahlgemeinschaft mit *ihm*, stehen in der gleichen Welt Gottes, in der Geborgenheit. Sie sind mit mir bei *ihm*.

Und dies alles vollzieht sich in meinem Zimmer.

Manchmal kommen Kranke aus den Nebenzimmern und von auswärts und feiern das Opfer mit. Und auch sie sind erfaßt und hineingezogen in den Bann des Opfergeschehens. „Bei der heiligen Messe habe ich so richtig gespürt, wie nahe uns Christus ist. Er ist eigentlich nur auf dem Wege des Kreuzes zu finden, und er gibt kein Kreuz, wo er nicht dabei ist und tragen hilft", so äußert sich einmal einer jener Kreuzträger, die mit beim Opfer sind.

Wenn man so lange des Meßopfers entbehren mußte, wenn man gar ein wenig in den Schatten des Kreuzes geraten ist, dann merkt man erst recht, was uns Christen in *seinem* Opfer gegeben ist. Man müßte zerbrechen, gäbe es dieses Opfer nicht. Auch alle, die es gar nicht wissen, ja vielleicht gar nicht wahrhaben wollen, leben von seinem Segen. Es ist das tägliche, unentbehrliche Stück Brot für das Leben der Seele.

Ich kann nicht verstehen, wie der Meßbesuch manchen gläubigen Christen und die Darbringung des Meßopfers manchen Priestern zu einer Last werden kann, der man so schnell und leichtfertig wie möglich zu entrinnen trachtet. (Manche Priester zelebrieren in den Ferien gar nicht, „da sie ja jetzt Urlaub haben"!) Ich kann noch viel weniger verstehen, wie man heute in Klöstern und Seminarien darüber diskutieren kann, ob man die tägliche Meßfeier von der Tagesordnung streichen soll. Da muß entweder die rechte Einsicht in den Wert des Opfergeschehens, oder aber, die rechte Beziehung zu Gott und zu Christus fehlen. Hat man heute überhaupt noch das Bewußtsein, Gott und das Opfer seines Sohnes nötig zu haben? Ist unsere

„Frömmigkeit" nicht eine Wohlstandsfrömmigkeit, unsere Theologie eine Wohlstandstheologie geworden?

Die Kirche ist aus dem Golgotha-Ereignis hervorgegangen, und die christliche Existenz ist eine solche aus dem Kreuz und am Kreuz. Auch und erst recht die des Priesters. Und jeder Priester, dem man die Zeichen des Opfers und Kreuzes nicht anmerkt, weil er nicht mehr vom täglichen Opfer her lebt, stößt ab, führt nicht zu Gott. „Unsere Heimat sind Deine Altäre, Herr!" Wer nicht mehr in der Nähe des Altares bleibt, treibt sich anderswo herum, irgendwo draußen an der Peripherie, verliert sich in Nebensächlichkeiten und wird zum Manager, der in hohlem Aktivismus Kurpfuscherei treibt an den Seelen. Wer nicht vom Opfer lebt, wird zum Genießer. Die Genießer aber gehen unter.

Ich weiß, daß man mich des Subjektivismus bezichtigen kann und der fanatischen Übertreibung, vor allem aber der einseitigen Deutung des Opfers Christi zur Befriedigung der existentiellen Bedürfnisse des Individuums. Und doch bleibt wahr, daß Christi Opfer gegeben ist, daß wir das Heil erlangen und mit diesem Leben so zurecht kommen, daß es vor Gott angenommen bleibt.

Ich darf aber auch nicht übersehen, was *Gott* von dem Opfer seines Sohnes hat.

Der Glaube sagt mir, daß in diesem Opfer der Sohn dem Vater die gebührende Anbetung, die Anerkennung, das Lob und den Dank der gesamten Schöpfung übergibt; daß er die Beleidigung wegnimmt und täglich sagt: „Verzeih ihnen, denn sie wissen nicht, was sie tun!"

Jeder, der tätig mitfeiert, ist also hineingenommen in dieses Opfergeschehen des Sohnes, das dem *Vater* gilt. Und ich und wir alle wissen, daß wir nicht als bloße Zuschauer zugelassen sind, sondern unser Leben dazulegen dürfen. Christus nimmt es an, so, als ob gerade das Unsrige noch gefehlt hätte an der Vollkommenheit seines eigenen Opfers.
Soll da noch einer sagen, es mache nichts aus, ob er dabei ist oder nicht; ob ein Priester davonläuft oder in seinem Amt bleibt und Messe feiert; ob es eine Messe mehr oder weniger gibt im Leben!

In meinem Krankenzimmer ist Messe.
Die ganze Schöpfung findet sich bei mir ein, um zu loben und zu danken; um Vergebung und weitere Hilfe zu erbitten.
Und Christus ist da und hat volle Hände für uns alle.
Himmel und Erde treten in Austausch.
Und ich darf dabei sein!

SUCHEN, WAS DROBEN IST

Am Fenster meines Krankenzimmers arbeitet sich eine Wespe hoch. Das Tier summt und plagt sich ab zum Erbarmen! Draußen lockt die weite, freie Welt voller Licht und Sonne. Das Fenster aber ist verschlossen. Die Wespe schlägt immer wieder gegen die Scheiben, bis sie ermattet zu Boden stürzt. Schnaufpause. Dann fängt sie von vorne an. Hinauf bis zur Höhe. Wieder das gleiche. Verzweifelte Anstrengung. Absturz. Neubeginn. Alles noch einmal, zweimal..., dreimal...!

Ich liege im Bett und kann nicht helfen. Jetzt kommt die Schwester in das Zimmer. Sie geht zum Fenster. „Nun wird sie das Tierchen zu Boden schleudern und zertreten!" denke ich. Aber sie zertritt es nicht. Sie ist ja eine Schwester. Sie öffnet das Fenster und dirigiert die Wespe mit großer Behutsamkeit ins Freie. Erlösung!

Ist es mit unserem menschlichen Leben nicht ähnlich? Dieser nahezu unbändige *Drang* in die weite, freie Welt, die voller Licht ist und voller Sonne; die keine Schmerzen kennt, keine Trauer und keinen zermürbenden Kampf mit den so vielfältigen Mächten eines zerstörerischen Alltags in Existenznot, in Betrübnis, in Krankheit und Unsicherheit für den morgigen Neuanfang, in Angst vor dem Tod, in...

Dieses Leben, das sich nach oben streckt in unsäglichen Anstrengungen, das mit Gewalt zum Licht möchte.

Ja, niemand kann darauf verzichten, Großes zu wollen, eine „Größe" zu werden. In uns liegt der Drang, über uns hinauszuwachsen, mehr zu sein, als wir im Augenblick sind. Und erst, wie sich der Mensch nach Glück sehnt!

Wo soll das „oben" hinaus? Wo ist das Ende, das

Ziel dieses Strebens? Erliegen wir einem Trugspiel der Natur, wenn wir auf diesen Drang nach oben etwas geben?

Was aus unserem Wesen schreit, ist nicht Lug und Trug der Natur. Es erhält seine Erfüllung. Christus selbst und seine Apostel stimmen in diesen Ruf ein, zur Höhe zu streben. „Suchet das Reich Gottes!" — „Suchet, was droben ist!"

Christus zeigt und erweist aber auch, daß der Mensch nicht im Uferlosen sein Ziel sucht. „Jeder, der sucht, wird finden!" — „Unsere Heimat ist im Himmel. Von dort erwarten wir auch unseren Erlöser, den Herrn Jesus Christus. Er wird vermöge der Macht, durch die er sich alles unterwerfen kann, unseren hinfälligen Leib umwandeln und seinem verherrlichten Leib gleichgestalten."

Diese Heimat ist das Ziel alles Ausgreifens, alles Haschens nach Glück, nach Frieden, nach Freude, nach endgültiger Erfüllung. Dorthin strebt das Tiefste und Beste unseres Ich.

Und doch ist dieses Leben immer wieder auch gekennzeichnet von Absturz und Landung am Boden.

Wie oft hat sich das nicht alles wiederholt im Lauf des bisherigen täglichen Lebens, im Lauf dieser Krankheit! Man glaubte sich „über den Berg", man wähnte sich in der Sonne, man hielt diese und jene Schwierigkeit für überwunden — und dann kam der Sturz: Rückfälle mit ihrer argen Nachbarschaft zum Tod, neue Schwierigkeiten aus ungeahnter Richtung, das eigene Versagen, das die mühsam aufgerichteten Brücken einriß. Absturz!

Es ist so mühsam, immer wieder die eigene Kümmerlichkeit einstecken, die belastende Durchschnittlichkeit erleben zu müssen; zu sehen, wie man trotz besten Wollens immer wieder auf der Stelle tritt und eine gewisse Höhenmarkierung nicht zu überschreiten scheint!

Und doch kann ich nicht traurig werden!

Denn ich weiß: Es kommt einer, der mich nicht hinwegschleudert und schon gar nicht zertritt, sondern mich in die Hand nimmt und zum Licht, zur Gesundheit, zum Heil, zur letzten Freude geleitet. Er kommt, sage ich? Er ist schon im Zimmer, im Raum meines Lebens, und er tritt auf zur rechten Zeit und öffnet mir das Fenster. Er führt mich zum Frieden. *Gott!*

Not und Tod, eigenes Abstürzen und Versagen können mir eines nicht nehmen: das Wissen um seine Nähe, seine Fürsorge, seine *Liebe!* „Wer vermag uns zu scheiden von der Liebe Christi? Etwa Trübsal oder Bedrängnis oder Verfolgung oder Hunger oder Blöße oder Gefahr oder Schwert? — Weder Tod noch Leben... weder Hohes noch Tiefes, noch überhaupt etwas in der Welt wird uns zu trennen vermögen von der Liebe Gottes zu uns (die sich geoffenbart hat) in Christus Jesus unserem Herrn."

Darum bleibe ich nicht liegen nach einem „Absturz" und fange wieder an. Immer wieder. Aufgeben wäre Tod! „Unten" ist nicht die rechte Luft für mich, nicht die bleibende Stätte. Selig preist mich die Schrift, wenn er kommt und mich wachend findet.

Und ich weiß, daß er stets da ist. Darum ermatten mich die ewig gleichen „Abstürze" nicht. Sie bringen größere Sammlung, stärkere Konzentration für den nächsten Aufstieg. Das nächste Mal gelange ich schon höher hinan, bleibe bereits länger obenauf.

Es ist alles ein Auf und Ab, ein Abstürzen und Wie-

deraufstehen. Wer kommt schon durch das Leben ohne
„Unfälle"?
Aber ich achte der Schrammen und Beulen nicht!
Was tut's! *Er* ist im Raum bei mir. Er fängt mich im
Sturze ab und ist dabei, wenn ich wiederaufsteige zur
Höhe. Er öffnet jetzt schon täglich und oft das Fenster.
Und ich bin gewiß: *Er* wird auch beim letzten Aufstieg
da sein und Einlaß geben in das Reich, das *er* bereitet
hat.

WIE EIN STEINWURF ...

Als es meine wiederkehrenden Körperkräfte zulassen, ist einer meiner ersten „Ausflüge" ein Gang in den Garten unseres Hauses, der sein prächtiges Frühlingskleid zur Schau trägt. Halb im Rollstuhl, halb auf Krücken gelange ich zum Teich, der mitten im Garten liegt.

Die Schwester, die mich begleitet, nimmt wie zufällig einen Stein und wirft ihn in das ruhige Wasser. Was folgt, haben wir alle schon oft gesehen: Aufprall des Steines, Wellen, die kreisförmig zu wandern beginnen und immer größere Kreise ziehen. Ich verfolge sie, der ganze Teich ist in Bewegung, bis die ersten Wogen, zwar nur mehr recht schwach, aber dennoch deutlich erkennbar, am Ufer, im Rohr und Schilf gebrochen werden.

Ist nicht auch unser Leben und jede seiner guten Taten so ein Steinwurf in das weite Meer der ganzen Menschheitsfamilie? — Schlägt es nicht auch seine Wogen, von denen alle um uns herum berührt werden, die Zunächststehenden stärker, die weiter weg Lebenden geringer? —

Nichts ist verloren, was ein Mensch, sei er auch einsam oder leidgeprüft, an Gutem wirkt, was er im Leiden hinnimmt, in durchwachten Nächten aushält, in Freude und Dankbarkeit ausstrahlt. Es ist behütet und geborgen. Es überträgt sich auf alle. Jeder wird erfrischt, angerührt, neu in Bewegung gebracht. Und jeder bringt auch selbst — wenn er will — viele solche Wogengänge in Bewegung.

Und das Geheimnis dieses Rätsels?

Gott hat uns alle in das Dasein und an den gemeinsamen Tisch des Lebens gesetzt. Es kann dem einen nicht mehr gleich bleiben, was am anderen geschieht. Wir sitzen alle im gemeinsamen Boot und fahren auf dem gleichen Strom.

So will uns Gott aufeinander hingeordnet wissen auf Grund seiner Schöpfungsordnung.

Aber da ist auch noch *Christi Tat* an uns, die uns als Menschen und Christen neu zusammengeführt und geeint hat.

Am Rande dieses Teiches, an dem wir dem symbolreichen Wogenspiel nachsehen, stehen mächtige Kastanienbäume. Ich schlage mit meiner Krücke ein Ästchen vom Stamm. Es gleitet zu Boden. In einer Woche wird es verdorrt sein.

Ich kann mir vorstellen, daß Jesus mit seinen Jüngern vor einem Weinstock stand und vielleicht Gleiches tat, um ihnen eines der wunderbarsten Geheimnisse des neu angebrochenen Gottesreiches nahezubringen, nämlich die Wirklichkeit der Verbindung mit *ihm* als Quellgrund geistiger Wirksamkeit und Fruchtbarkeit. „Ich bin der wahre Weinstock und mein Vater ist der Weingärtner. Jede Rebe an mir, die keine Frucht bringt, schneidet er ab; jede, die Frucht bringt, reinigt er, damit sie noch mehr Frucht bringe. Ihr seid schon rein kraft des Wortes, das ich zu euch gesprochen habe. Bleibt in mir, und ich bleibe in euch. Wie die Rebe aus sich selbst keine Frucht bringen kann, wenn sie nicht am Weinstock bleibt, so auch ihr nicht, wenn ihr nicht in mir bleibt. Ich bin der Weinstock, ihr seid die Reben. Wer in mir bleibt und in wem ich bleibe, der bringt viele Frucht, denn ohne mich könnt ihr nichts tun. Wer nicht in mir bleibt, wird wie ein Rebzweig weggeworfen, und er verdorrt. Man hebt ihn auf und wirft ihn ins Feuer zum Verbrennen. Wenn ihr in mir bleibt, und wenn meine Worte in euch bleiben, so möget ihr bitten um was ihr wollt, es wird euch zuteil werden."

Das ist es also! Und es ist immer das gleiche. In Christus vermögen wir alles. In ihm sind wir allen Menschen brüderlich nahe, vor allem aber jenen, die gleich uns Zweig an diesem Stamme Christus sind. Ohne ihn, getrennt von ihm, vermögen wir einander nichts zu sein, was von Bestand wäre und Ewigkeitswert hätte.

Die Natur um uns herum ist voll von Sinnbildern geistiger Wirklichkeiten.

Weil wir in Christus sind, darum reichen die Wellengänge unseres Lebens so weit. Denn der gleiche Christus ist auch in allen anderen Menschen und Christen. Darum ist auch nichts mehr umsonst getan, sondern wohl hinterlegt und aufbewahrt. Und auch, was in meinen Augen wie Mißerfolg aussehen möchte, ist Trumpf und Sieg in seiner Hand.

Und so gehe ich gerne zurück und lege mich wieder zu Bett. Ich liege froher da und ertrage meine „Untätigkeit" weiterhin und leichter als bisher.

Teich und Kastanienbäume werden zu Mahnern, die die Freude über den Sinn dieser „Untätigkeit" im Bett immer wieder neu entfachen.

Irgendwo „wirft jemand einen Stein ins Wasser": eine gute Tat, ein Gebet, ein hartes Opfer — und die Wogen dieses Wurfes erreichen mich, weil ich mit dem, der sie „geworfen" hat, in Christus geeint bin und aus der gemeinsamen Gnade lebe.

Und wenn gar mein eigenes Dasein selbst auch ein solcher „Steinwurf" aus Christi Hand ist, der mit sei-

nen Wogen andere Menschen erreicht, von dem andere berührt werden und „in Bewegung kommen"? —
Ich will es glauben und darum weiterhin stillhalten!
Das Wesentliche ist, daß ich in *ihm* bleibe. Dann ist die Frucht **gewiß**!

DANKE

An diesem Morgen erlebe ich etwas recht Betrübliches. Wie Menschen so sein können, ist mir unerklärlich. Vielleicht ist es den meisten, die das mitverfolgt haben, gar nicht aufgefallen. In dem großen Saal, in welchem ich liege, wird einer der Mitpatienten entlassen. Er ist bereits über 50 Tage bettlägerig und kann eigentlich noch immer nicht aufstehen. Aber er wird zurückverlegt in das Heimatkrankenhaus, und so wird er von den Schwestern zum Abtransport fertig gemacht. Er war eigentlich ein guter Patient, nett, charmant, umgänglich. Er wurde mit „Herr Direktor" angeredet. Und nun, da der Abschied naht, geschieht es, daß „Herr Direktor" keiner der Schwestern die Hand reicht, auch kein „Danke" sagt für all das, was er in den 50 schweren Tagen hier empfangen hat, kein Grußwort hat für die übrigen Schwestern, die heute nicht Dienst haben. Er geht mit lächelndem Gesicht. Er hat es sicher nicht böswillig gemeint. Es ist gewiß nicht aus Trotz oder Ressentiment geschehen. Er hat das „Danken" vergessen, verlernt.

Das hätte aber nicht sein sollen!

Ist der Mensch heute schon so verwöhnt, so verzogen, so verbildet, daß er auf die persönliche Zuwendung des anderen keine Entgegnung mehr hat? —

Es wird ein wenig kälter in diesem Saal. Schade! Ein Hauch von Unmenschlichkeit bleibt den ganzen Tag hindurch zu spüren, obwohl aus dieser Begebenheit niemand eine Szene gemacht hat.

Wir alle sind doch voneinander abhängig, aufeinander angewiesen. Niemand müßte besser einsehen können als der Kranke, daß wir allein, auf uns selbst gestellt, nichts vermögen, daß wir vielmehr die anderen auf

Schritt und Tritt brauchen. Wie schnell ist man an jenem Punkt angelangt, an dem man allein hilfloser ist als ein Kind. Wenn ich an das Essen und Trinken, an die Körperpflege, an die absolute Bettruhe mit ihren Begleiterscheinungen, an die ersten Schritte nach monatelanger Krankheit und an die vielen anderen Dinge denke! Was ist der Mensch für sich allein?

Die eigene Hilfsbedürftigkeit einzugestehen, ist keine Schande. Aber es berührt peinlich zu sehen, wie Menschen ihre Menschlichkeit verleugnen wollen und auf tausend notwendige Abhängigkeiten keine persönliche Erwiderung zustande bringen.

Diese Entgegnung auf die Gabe des anderen hin nennen wir *Dank*. Dank ist Antwort, ist Reaktion mit dem Besten, das wir sind. Dank ist Korrektheit, Anstand vor dem anderen. Undank wohnt in niederen Seelen. Dank ist etwas, das nicht zur Diskussion stehen sollte. Es gehört zum Leben dazu wie das Atmen. Aus dem Dank lebt die Seele. Undank jedoch zerstört, macht kleiner, ärmer, weniger.

Der Mensch ist niemals ganz, vollkommen, perfekt. Er ist in ständigem Werden begriffen; er ist viel mehr das, was er noch nicht ist, als das, was er schon ist. Er braucht den anderen und ist vor ihm täglich ein Schuldner. Das abzustreiten hat keinen Sinn und macht lächerlich. Es einzugestehen, verlangt eine gediegene Selbsteinschätzung und die Einsicht in die eigenen Grenzen.

Der dankbare Mensch sieht auf das Gute. Er ist der Mensch des Antwortens, des Dialoges, der ständigen Korrespondenz mit einem anderen Du. Darum wird der Dankbare immer zum Bringer des Friedens und zum Stifter und Garanten von Einigkeit und Ordnung.

Der Undankbare aber ist gegen den Frieden, weil er Distanz schafft und Einsamkeit aufbaut. Der Dankbare aber baut Brücken und gründet Gemeinschaft.

Das alles ist menschliche Dankbarkeit im innerweltlichen Raum.

Die Perspektiven weiten sich, wenn wir uns sehen in unserer wesentlichen Hinordnung auf Gott.

Der Mensch ist erst recht Schuldner vor seinem Gott. Das menschliche Sein ist geschenktes Sein; ist Talent, das anvertraut und auf Rück-Gabe hin angelegt ist, allerdings auf Rück-Gabe mit Zinsen! Dankbarkeit ist die Anerkennung dieses geschenkten Lebens und dessen Auflage, zurückgegeben zu werden. Ja, Dank ist schon Rückgabe.

Und nun ist etwas Eigenartiges festzustellen: In dieser Rückgabe wird der Mensch erst zum Eigentümer seines Seins. Niemand ist so sehr Herr seiner selbst, als wer weiß und anerkennt, daß er selbst Gabe ist, die Weitergabe verlangt.

Gabe, die zurückgegeben wird, schafft Frieden und Zufriedenheit. Wer sich an Gott und die Mitmenschen nicht zurückgeben will, ist ruhelos, freudlos, friedlos. Wer Gott dankt, ihm antwortet, lebt im Frieden mit Gott, hat immer genug, erhält sich von Gott neu zurück, empfängt *Gott* zurück. Denn Gott gibt keine Gabe, in der er nicht selbst ist. In diesem Sinne sagt das Evangelium: „Jedem, der hat, wird gegeben, daß er in Überfluß hat. Wer aber nicht hat (obwohl er haben müßte!), wird genommen, was er hat" (Lk 19, 26). Wenn Gott auf uns täglich mit neuen Gaben der Natur und Übernatur zusommt, dann ist er selbst in ihnen, dann tragen sie alle seinen Stempel und sind Zeichen seiner Liebe. Gott scheut sich nicht, selbst zu kommen. Im Dankbaren ist er geborgen, hat Heimat, weiß er sich geschätzt und geehrt. Und die Welt ist durch den Dankbaren Gott zurückgegeben und in ihrem eigenen Sein neu bestätigt.

Nun sehen wir auch, was *Christus*, der mitten in „seinem Eigentum" (Jo 1, 11) steht, vollzieht, wenn er in seinem Opfer „Eucharistie", d. i. Danksagung, feiert. Er faßt die anerkennende, danksprechende Rückantwort seiner Schöpfung als deren Erstgeborener zusammen und hält sie dem Vater opfernd hin. Er nimmt Gottes Bestätigung unseres Seins als Antwort Gottes neu entgegen; er sagt in der Sprache seines Opferblutes, daß uns Gott in jedem Opfer neu geschenkt wird und unter uns bleibt.

Was fehlt uns also? — „Wer Gott hat, dem kann nichts fehlen. Gott allein genügt", sagt die heilige Teresa von Avila.

Ich brauche nur in Christus zurückzuantworten; dann werde ich neu angenommen und wachse tiefer hinein in die Gemeinschaft mit ihm.

Wenn ich dankbar bleibe, dann werde ich Gott zur Heimat.

Alles, was von nun an auf mich zukommt, ist Bestätigung dieses Angenommenseins: die Menschen, die mir täglich begegnen und helfen, die Besucher, die täglichen Freuden (und sie überwiegen bei weitem alles übrige); auch die Schmerzen des Tages, die schlaflosen Nächte und morgen vielleicht der Tod.

Und Gabe ist mir vor allem jedes Gebet, das mir geschenkt wird, jedes Mahl, das *er* mir bereitet, und zu dem ich täglich geladen bin; Geschenk ist mir vor allem sein Leben, das dabei neu vertieft wird und das die kommende Herrlichkeit schon innehat; Gabe ist mir auch jeder Sieg im Untergang.

Es gibt oft Anwandlungen zu Unzufriedenheit und Unmut. Ich sehe sie als letzte Wehen des alten, unerlösten Menschen, der noch in uns steckt. Diese Anwandlungen müssen überwunden werden in der Dankbarkeit. Denn in ihr liegt Offenheit, Aufbruch, Friede und Freude.

Danken zu können, ist eine Gnade, die nicht hoch genug eingeschätzt werden kann. Nun verstehe ich, daß es keine Übertreibung ist, wenn wir singen: Danke, Herr! Ich danke, daß ich danken kann.

STICHWORT FREUDE

Ich muß es sagen, auch auf die Gefahr hin, daß ich unglaubwürdig werde.

So viel Freude wie in diesen Wochen und Monaten meines Krankseins habe ich zeit meines Lebens nicht erlebt. Freude ist überhaupt meine jetzige Grundverfassung. Es gibt Momente einer nahezu unerträglichen Steigerung dieser Freude. Alles ist dann licht und übervoll von Seligkeit, so daß alle harten Umstände meines konkreten Daseins in Nichts zerrinnen. Ein Dasein ohne Aussicht auf Erhellung, ohne Hoffnung, das gibt es nicht. Es gibt sicherlich auch Nebeltage. Aber die trüben nur die Oberfläche. Tief drunten ist Ruhe, Frieden und Freude.

Es bringt mich in Verlegenheit, diesen Zustand der Freude verständlich darzustellen. Es ist auch mit der Freude wie mit der Erfahrung des Leides. Letztlich kann man das, was sich in der Tiefe des Seins tut, gar nicht sagen. Man kann es er-leiden — auch die Freude erleidet man als Geschenk — erleben, als Einladung den anderen darbieten, und das Leben selbst hat dann für die Echtheit der Freude zu bürgen.

Die Freude ist einfach da. Auch bei mir! Es mag ein Rätsel sein, wie unter solchen Umständen, wo doch alles nach Untergang aussieht, noch Freude herrschen kann. Ich muß oft darüber nachdenken.

Eines Tages höre ich auf dem Tonband Beethovens „Neunte", und zwar deren unsterblichen 4. Satz mit Schillers „Ode an die Freude". Tonmassen des Jubels, die der Komponist in diese einmalige Form gegossen hat. An einer Stelle horche ich immer wieder auf: „Brüder, über'm Sternenzelt muß ein lieber Vater wohnen!"

Der tiefste Grund zur Freude ist *Gott* selber. Er ist aber nicht mehr weit weg „über dem Sternenzelt". Er ist da, in diesem Zimmer, in meinem Leben! Deshalb kann es keine „Trauer zum Tode" mehr geben. Was immer an mir geschieht, steht unter dem Zeichen seiner Anwesenheit. Diese Freude über Gottes Anwesenheit ist weder Gefühlsduselei noch Romantik. Sie ist harte Arbeit, Aszese.

Oft merke ich, daß nur mehr der Gedanke an *seine* Anwesenheit mich von meinem kranken Leib wegzulenken vermag.

Allerdings mindert die Gegenwart Gottes und der Gedanke an sie die Last und den Druck der Schmerzen um keinen einzigen Grad. Die Nächte bleiben schlaflos, und die geringsten Bewegungen verursachen nach wie vor körperliche Qualen. Die Dunkelheit bleibt dunkel.

Warum soll ich mich scheuen, das — gerade in diesem Zusammenhang — zu sagen? Christus selbst, der sich gefreut hat, in seine Stunde einzugehen, hat sich nicht gescheut, vor seinen Jüngern zu bekennen: „Meine Seele ist betrübt bis in den Tod".

Vieles kann tatsächlich wie dunkler Nebel wirken, und man muß das Steigen und Fallen seines Seelenbarometers kennen. Aber die Freude, die aus dem Frieden kommt, ist diesem Wechsel nicht unterworfen. Sie ist tief verankert im Willen Gottes und kann daher auch in Verzagtheit und Tränen da sein.

Dort, wo Glaube, wo Vertrauen, wo das Bemühen ist, in Gottes Willen zu stehen, dort ist *Freude*.

Diese Freude als Ausdruck des Einklanges mit Gott liegt andererseits nicht mehr im Belieben des Menschen. Sie ist gerade dem Christen als Pflicht abverlangt. Sie ist ein Kult, den wir Gott schulden, und der auch zu unseren Mitmenschen hin seine Ausstrahlung besitzt.

Im Krankenbett lernt man einige Dinge bezüglich dieses Kultes der Freude, und ich glaube, sie sind gerade für den christlichen Alltag von Brauchbarkeit.

In Stunden anfallender Mut- und Freudlosigkeit soll man besonders den *Gleichmut* bewahren. „Im dichten Nebel fährt der Seemann langsam und ändert den Kurs nicht", hat einmal Kardinal Bertram in diesem Zusammenhang geschrieben.

Man darf vor allem nicht im Schmollwinkel sitzen bleiben. Es ist leichter, ausgeglichen zu bleiben, wenn man nicht krank ist. In der Krankheit ist man für vieles anfälliger, man ist „wetterfühliger", sensibler. Man ist vor allem allein in seinen vier Wänden. Man hat keine Ablenkung. Ein Besuch, der ablenkt, ein Gespräch mit anderen kann eine Erlösung bedeuten.

Lektüre nützt nicht viel, und auch „niederbeten" kann man solche Anwandlungen nur selten.

Wenn man bei eigener mieser Stimmung vor allem auf andere einredet und ihnen Mut macht, dann strahlt Ermutigung zurück, und nach ruhiger Ausdauer erlangt man das seelische Gleichgewicht wieder.

Man muß den anderen aufmunternde Dinge so laut sagen, daß man sie für sich selbst auch hört und annimmt.

Weil Gott da ist, muß man ihm auch alles übergeben und eine gewisse *Unbekümmertheit* praktizieren. Das schafft Distanz zu sich selber. Erst in dieser Distanz ist echte Freude in Gott möglich.

Mit anderen Worten: Man darf sich selbst nicht zu ernst nehmen. Man muß gewiß tun, was in der eigenen Macht steht, alles übrige aber Gott überlassen.

Das bewirkt Gelöstheit, entlastet das Gemüt und sichert das Wissen, nicht für alles selbst aufkommen zu müssen. Man muß Gott ernst nehmen, wenn er sagt, er sei bei uns, wir sollten uns nicht ängstlich sorgen, sondern alle unsere Sorgen auf ihn werfen.

Unser Verhältnis zu Gott darf uns niemals zu Gefangenen, zu geistigen Krüppeln oder Eigenbrötlern machen.

Auch die eigenen Fehler (und die der Mitmenschen) soll man nicht so „tragisch ernst" nehmen. Die heilige Therese von Lisieux hat gesagt: „Wir sind Kinder Gottes. Kinder stolpern leicht, aber sie stehen ohne Schwierigkeit wieder auf. Wenn Gott uns immer so ernst nähme, wie er es müßte!"

Ein Mensch, der nicht mehr über sich lachen kann (und auch nicht verträgt, daß man über ihn lacht!), ist ein Gefangener seines eigenen Ich. Er ist sich und anderen zur Last und für die echte Freude aus Gott noch nicht reif.

Schließlich muß man sich selber annehmen, so wie man ist: mit seiner Erbmasse, seiner Erziehung, seiner Umgebung, mit seinen Vorteilen und Nachteilen, mit seinen guten und weniger guten Seiten: Hier, dieser Mensch da, das bist Du!

Diese Selbstannahme ist die richtige Ausgangsbasis. Sie bringt uns nahe zum Urgrund alles Seins, schafft die Harmonie und die Ausrichtung auf den im Gewissen erkannten göttlichen Entwurf unseres Lebens, die für die echte Freude unerläßlich ist. Freude kann nur dort sein, wo ein Mensch sein Sosein bejaht und daher im Frieden lebt.

Gott hat unser Sein auf Entfaltung hin angelegt. Wir sind unfertig, in der Entwicklung und in der Herausarbeitung dessen begriffen, was wir zuinnerst sind und sein werden. Und das sowohl, was unsere „natürliche Mitgift", also die Gaben der Natur betrifft, als auch, was das in uns hineingesenkte *göttliche* Leben der Gnade anbelangt. Auch dieses ist in seiner Ganzheit bereits da, aber so, wie der Baum im Kern und die Frucht in der Knospe schon da ist. Jesus sagt, das Himmelreich ist ein Senfkorn, ein Sauerteig, ein Talent, das über sich hinausverlangt.

Der Mensch muß sich also auch annehmen als dieses unabgeschlossene, unfertige Stück, das noch auf den letzten Schliff und auf die Freigabe wartet. Das wiederum verlangt *Gelassenheit*, Wartenkönnen und Geduld mit sich selbst.

Es gibt keine Freude ohne diese Gelassenheit. Sie ist die bejahende Antwort auf diese Grundtatsache unserer menschlichen Existenz. Aber in ihr leuchtet schon die Gewißheit des Ganzen, das noch kommt, des Vollendeten, das schon keimhaft da ist, des Beglückenden, das sich schon auf der Oberfläche des bewußten Lebensvollzuges meldet.

Gelassenheit führt zu Selbstsicherheit und diese wiederum zu Fröhlichkeit und Freude.

Im Stillehalten des Krankheitszustandes werden einem solche Momente der menschlichen und christlichen Existenz langsam, aber sehr deutlich bewußt.

Freude ist letztlich Geschenk von oben, aber diese Gabe muß, weil sie alles durchdringen will, von unten her Nährboden erhalten. Ihn zu bereiten, ist das Werk des Menschen im Kult der Freude.

Dann kann sich Gottes Werk in uns voll entfalten, und die Frucht des Geistes, die Freude, auch auf die anderen Menschen und auf die Dinge übergreifen.

Und gottlob steckt die echte Freude auch an. Sie

kommt uns von anderen zu. Sie dringt auch in mein Krankenzimmer. Ich muß nur ein „Organ" dafür bekommen, sie aufzunehmen.

Und ich muß daran glauben, daß Freude auch von mir ausstrahlen soll, als jenes Fluidum, das froh macht und *Erlösung* weitergibt.

Gott ist da, und ich bin von Christus erlöst, durch ihn befreit, der Last meiner Existenz entledigt, weil dieses Leben auf ihm liegt und er es eigentlich trägt. Darum darf es nur eines geben: *Freude*.

Wenn Christen einander begegnen, müßte das *Stichwort* Freude in der Luft liegen! Es müßte werben und einladen, über den Schatten der Ichverkrampfung zu springen, die Hürde über die Selbsteinmauerung zu nehmen und sich täglich mit der ganzen Last, die man mit sich hat, in Gottes Arme zu werfen.

Erst dann ist man erlöst, wenn man in Gottes Hand bleiben will. Wer darin bleibt, bleibt in der Liebe des Vaters, aus der er nicht mehr herausfallen kann.

Christi *Freude* ist in ihm, und die ist vollkommen (Jo 15, 11).

ATMEN IN GOTT

„Tief atmen!" höre ich jemanden wie von sehr weiter Entfernung rufen. Langsam dämmert mein Bewußtsein wieder herauf. Ich erkenne Gegenstände und Personen im Raume. Das Fenster ist weit offen, die kalte Winterluft bringt mir den notwendigen Sauerstoff. Kalter Schweiß bedeckt meinen Körper. Der letzte und schwerste Kollaps dieses Vormittags ist vorbei. Ich hatte dazwischen beträchtlichen Blutverlust erlitten, man hatte mir die Vene (Venisectio) für die Bluttransfusionen geöffnet. Später erfahre ich, daß ich noch einmal — und nun endgültig — zu Bewußtsein gebracht wurde, weil sich in letzter Ausweglosigkeit eine Schwester über mich gebeugt und die Mund-zu-Mund-Beatmung durchgeführt hat.

Ich lebe also, weil mir ein anderer Mensch seinen Atem, sein eigenes Leben geschenkt hat.

Ich habe viele Blutkonserven erhalten. Ich lebe somit ferner, weil mir andere Menschen von dem Kostbarsten etwas abgetragen haben, das ihr eigenes Leben erhält, von ihrem Blut.

So oft ich das bedenke, finde ich einen besseren Zugang zu den ersten Worten in der Bibel: „Da bildete Gott der Herr den Menschen aus dem Staub der Erde und *hauchte* ihm den *Atem* des Lebens ins Angesicht. So wurde der Mensch zu einem lebenden Wesen."

Dieses Wort vom „Hauch", vom „Atem Gottes" ist ein Urwort der Menschheit, weil in ihm eine Urbefindlichkeit des Menschen aufklingt, die Abhängigkeit von einem anderen. Der Mensch ist nicht aus sich, sondern lebt aus dem Lebenshauch eines Höheren, Mächtigeren. In einem medizinischen Buch der letzten Jahre habe ich den Satz gelesen: „Als Herrscher über die

Natur und die stummen Kreaturen der Pflanzenwelt richtet sich der Mensch voller Stolz auf: als das einzige Geschöpf, in dem ein Gott atmet."[3])

„In ihm leben wir, bewegen wir uns und sind wir", sagt die Schrift. „Zieht er zurück den Atem von allem Leben, so kehrt alles Fleisch zu Staub zurück. Sendet er aus seinen Geist, so wird alles neu geschaffen, und der Anblick dieser Erde ersteht in neuer Blüte" (Ps 103). Wo dieser Hauch Gottes, der Geist des Herrn ist, dort ist Leben. Und dort, wo Leben ist, da ist Gottes Geist. (Ambrosius)

Ich lebe, du lebst, wir alle leben. Also stehen wir unter dem Hauch Gottes, leben in seinem Geist. Wie der Fisch nicht durchkommt ohne Wasser, kommen wir nicht aus ohne ihn. Gott ist mit seinem Lebenshauch bei und in uns — und darum sind wir.

Jesus eröffnet uns das Innerste der Gottheit, indem er vom heiligen Pneuma spricht, dem Hauch des göttlichen Lebens, den Vater und Sohn einander als ihre ganze Wesensfülle zuhauchen.

Dieses Pneuma göttlichen Lebens ist eigene Person, eigenes, selbständiges, göttliches „Ich", die Person des Heiligen Geistes. Das Innerste dieses person-seienden göttlichen Lebens zwischen Vater und Sohn ist *Liebe*. Denn die höchste und unüberbietbare Weise zu leben, ist, zu lieben, das heißt, die ganze Fülle eigenen Seins und Vermögens uneingeschränkt an ein anderes, geliebtes Du weiterzugeben.

Dieser Lebenshauch zwischen Vater und Sohn atmet in der Schöpfung, vor allem in uns Menschen, und ist *Liebe* in uns, aus der wir sind und täglich weiterbestehen.

---

[3]) Josef Handler, Das Buch der Gesundheit 9, Monte Carlo 1968, S. 8.

Dies ist der „Geist des Herrn", der über den Wassern schwebt und den Erdkreis erfüllt und im Sturm noch immer auf den pfingstlich bereiteten Menschen herabkommt.
Jesus hat uns durch sein Lebenswerk und seinen Tod dazu bereitet, für diesen Geist, wie ein lebendiger Tempel, Wohnung zu werden und zu bleiben.
Und nun ist Gottes „heiliger Atem" nicht nur mehr auf Grund des ersten schöpferischen „Ja" in uns und um uns herum. Er ist in uns vor allem auf Grund der Sendung durch den Vater und Sohn.
In ihm atmen und leben wir wie aus einer tiefen, unerschöpflichen Kraftquelle heraus. Denn er lebt in uns das göttliche Leben bis zur ewigen Endgültigkeit und Vollendung hin. Gnadenleben ist der Mitvollzug des Menschen an diesem Leben Gottes aus der Anwesenheit und Inwohnung des göttlichen Pneumas in uns.
Jesus haucht noch immer in der Fülle des österlichen Sieges die Seinen an, und der Geist vertreibt in ihnen Sünde und Zerstörung und nimmt Wohnung in ihnen als Beistand und Tröster, der durch alle Betrübnis hindurchrettet;
als der Geist der Kindschaft, in dem wir rufen: Abba, Vater!;
als das Angeld, die Vorausnahme des letzten, endgültigen Lebens, für das wir geboren sind;
als der große Rufer um die Liebe des Vaters, der in uns fleht in unaussprechlichen Seufzern.

„Tief atmen!" rief man mir zu. Ich atmete. Und siehe, ich lebe. Ich lebe aus fremdem Atem. Aber nichts nützte mir der fremde Lebensstoß, wenn ich nicht mitatmete. Nichts hülfe mir eigenes Ringen nach Luft, fehlte mir dieser anfängliche Atemstoß eines anderen, der mein Leben neu in Gang setzte.

„Tief atmen", heißt es nun erst recht für mich, der ich das göttliche Pneuma in mir trage. Auch dieser Geist, dieser Atem Gottes in mir, nützte mir nicht,
wenn ich nicht mitatmete;
wenn ich mich seinem Wehen nicht aussetzte;
wenn ich mich nicht tragen ließe, wohin er mich tragen will.
Ich darf diesen Geist nicht betrüben, mit dem ich besiegelt worden bin für den großen Tag der Begegnung mit Christus;
ich darf sein Licht in mir nicht auslöschen.
Ich muß ihn hüten und hegen wie das kostbarste Gut, das ich je zu erlangen vermag.
Ich muß leben und wandeln in diesem Geist:
in Standhaftigkeit und Ausdauer im Guten;
in Geduld und Treue;
in Liebe und Güte;
in Frieden und Freude;
in Milde, Sanftmut und Enthaltsamkeit;
ich muß in der Wahrheit stehen.
Dann bin ich recht und bleibe im göttlichen Pneuma.
Dann bedeuten auch meine äußeren Lebensumstände kein Problem mehr. Was schadet es da noch, wenn ich an das Bett gefesselt bleibe, über den Krücken hänge oder im Rollstuhl sitze.
Das Leben Gottes selbst atmet schon in mir.
Alle Betrübnisse dieser Zeitlichkeit sind schon gebrochen und ihres tödlichen Keimes entgiftet.
Denn die Freude des Kommenden leuchtet schon in mir und ist Tag ohne Abend und Sonne ohne Untergang, —
und ich habe die Gewißheit:
„Nicht sterben werd' ich, nein, *leben*, und künden die Werke des Herrn."

BETEN IST BESSER

Von P. Lombardi stammt das Wort: „Arbeiten ist gut, beten ist besser, leiden ist am besten".

Mit dem Arbeiten ist es seit langem (und auch wohl für lange Zeit) vorbei. Ich muß mir täglich hart und unerbittlich nachweisen lassen, daß es auf meine Arbeit nicht ankommt, daß es auch ohne mich geht. Es wird eine Zeit kommen, da werde ich nicht mehr sein, und die Welt wird dennoch ihren weiteren Verlauf nehmen.

Die Lektion ist hart, besonders wenn man noch jung ist und voller Tatendrang.

Es kommt offensichtlich nicht darauf an, daß wir etwas „tun" für Gottes Reich, nicht einmal darauf, daß wir etwas leiden, sondern einzig darauf, daß wir im Willen Gottes stehen und ja sagen zu allem, was Gott hier und jetzt von uns verlangt: sei es Arbeit, Leiden oder Sterben.

Eines Tages erhalte ich einen Brief, der diese Lektion noch unterstreicht und mich aus der Resignation wegen der „vertanen Zeit" und aus hohlen Zukunftsträumen zurückholt in das Gebot der Stunde. „Gott hat Sie erwählt, für uns zu leiden statt zu arbeiten. Er weiß, warum, auch wenn wir alle es nicht verstehen. Gäbe es das Kreuz nicht! Mir persönlich wird es von Tag zu Tag mehr zur Gewißheit, daß Leiden, Gebet und Opfer die Grundlage für jede Aktivität sein müssen. So vielen fehlt heute dieser Glaube!" Und in einem anderen Brief steht: „Seien Sie mir nicht böse, wenn ich gestehe: ein bißchen freue ich mich über Ihr Kranksein, denn da haben wir einen Beter mehr, und die tun uns heute so sehr not!"

Das saß! Man legt solche Briefe nicht weg wie eine Postkarte mit Urlaubsgrüßen.

Nun liegt es also an mir, aus meinem Leben ein einziges Gebet zu machen. Nicht daß man als Priester nicht ohnehin gebetet hätte! Aber war die Arbeit nicht allzuoft eine willkommene Ausrede, vor dem Stillhalten, vor dem einfachen, tatenlosen „Da-sein" vor Gott zu fliehen?

Jetzt sind alle Ausflüchte hinfällig.

Und ich glaube, daß mein „Beten" für das Volk Gottes in erster Linie dieses einfache Offensein vor Gott ist und erst in zweiter Linie die Fürbitte und das ständige Intervenieren für die anderen.

Man verlangt, daß ich einfach da bin vor Gott, Zeit für ihn habe und mich hinhalte mit allem, was ich bin und habe. In dieser Offenheit muß sich mein ganzes Wesen vor ihm aussprechen. Denn sie ist die Vorbedingung aller Zweisamkeit mit Gott, die mich sagen läßt: Ich will nicht allein sein, nicht allein auskommen; ich möchte sein, indem ich für *dich* bin. Das ist die bestmögliche Anerkennung und das Urwort jeder Verherrlichung Gottes. Mögen auch weitere „Worte" fehlen, auf Grund solchen Daseins vor ihm besteht eine Bewegung von Gott her und zu ihm hin.

Das meinen wohl alle jene Mahnungen der Schrift, die uns anhalten, „allezeit" und „ohne Unterlaß" zu beten und vom Gebet niemals abzulassen. In diesem Sprechen als Dasein vor Gott liegt die Überwindung von Einsamkeit und Vermeidung einer Flucht nach außenhin beschlossen. Man muß sich Gott stellen, man muß Gott aushalten, dann hält man auch sich selbst aus und kann mit sich erst etwas anfangen.

Es gibt heute so viel Ausreißen, so viel Flucht nach außen, in die Ferne, auf die Straßen unter die Millionen Nomaden unserer Tage, die es alle „drinnen" nicht aushalten, die keine Heimat mehr bei sich selbst haben, weil sie ihr Daheimsein bei Gott verloren haben. Und wenn ich recht sehe, ist die Flucht vor Gott auch jene zersetzende Krankheit, die das eigentliche Krebsgeschwür im geistlichen Leben unserer Tage ist. Diese Flucht von der Mitte weg hat natürlich ihre Tarnungen: den Taumel in den Aktivismus, das geistliche Managertum, und — der Tarnungen gefährlichste! — den „Dienst an den Menschen im Auftrag Gottes".

Manche Leute behaupten, die Stunden des Stillehaltens vor Gott seien vertane Zeit, seien sogar Flucht vor dem Engagement und ein Auskneifen vor dem Gebot der Weltgestaltung im Geiste Christi. Die Welt könne für Christus nur erobert werden, indem man in ihr zu stehen und an ihr zu wirken bereit ist.

Es gibt, so wurde vor Jahren von berufener Seite festgestellt, „häretische Strukturen" in der heutigen Kirche. Eine dieser Häresien, dieser verzerrten und daher unergiebig gewordenen Teilwahrheiten, ist die „Häresie der Aktion" auf Kosten der notwendigen Kontemplation. Man kann sich — ob zu Recht oder zu Unrecht — für alles und jedes auf Christus berufen. Aber gerade Christi Person straft — wie in vielen Dingen, so auch hier — den Menschen Lügen, der sich zum Manager macht und die christliche Existenz nur mehr in bloße „Tätigkeit" auflösen möchte.

Das Christentum in uns drängt uns wohl zur Tat. Aber alles Arbeiten ist nichts, wenn es nicht aus der Stille vor Gott gespeist wird. Jesus hat mitten im täglichen Andrang der menschlichen Not ganze Nächte im Gebet vor dem Vater verbracht. Im Sinne mancher heutiger „Aktivisten" hätte man ihm vorhalten müssen, er hätte besser getan, sich nachts auszuschlafen, um am nächsten Tag für den neuen „Dienst an den Menschen" fit zu sein.

Jesus hat sich auch, obwohl keine „Zeit zu verlieren war", von den wenigen Jahren seiner öffentlichen Tätigkeit zuvor vierzig volle Tage und Nächte reserviert für die Zurückgezogenheit. Flucht? Vergeudung der Zeit? —

Und, ist es nicht geradezu unverzeihlich, daß er, wo er doch wußte, daß es „so viel zu tun" gab, nur knappe drei Jahre für seine öffentliche Tätigkeit anberaumte. Warum ist er denn so lange in der „Versenkung" geblieben? Warum hat er nicht schon mit 25 Jahren, mit 20 Jahren zu „wirken" begonnen?

Später wird Jesus sagen: „Eines nur ist notwendig", und er wird Maria, der einen der beiden Schwestern von Bethanien, bezeugen, daß sie, die „Tatenlose", sich für Gott still Hinhaltende „den besten Teil erwählt hat".

Wenn man Wochen, Monate, ja Jahre stillhalten und daliegen muß, dann verschwimmen allerdings die Grenzen zwischen dem bisher „unbedingt Notwendigen", das nur in Jagd und Hetze, in Betriebsamkeit und Aktivität zu erreichen war und dem, was wirklich wesentlich und notwendig ist. Man wird schrittweise zur Einsicht geführt, daß nur das eine von Bedeutung ist: vor Gott und für Gott da zu sein. Alles übrige ergibt sich von selbst, ja wird einem „nachgeworfen", wie das Evangelium sagt.

Es ist keine Frage mehr, wer die Bedauernswerten sind; die Kranken, die zu dieser seligen Offenheit und Untätigkeit „verurteilt" werden, oder die „Gesunden" die fliehen.

Das alles, so könnte man sagen, habe mit Gebet nichts zu tun. Es stimmt, wenn man Gebet für eine jener Erledigungen hält, die in einer christlichen Tagesordnung unter „Allfälliges" rangieren.

Ob jene Briefschreiber das alles gemeint haben, wenn sie betonen, daß Beter heute notwendiger seien als alles andere? Hat denn solches Beten Sinn für die Gemeinschaft, für die anderen — ist es „produktiv"?

Das Offensein vor Gott ist zugleich der wesentliche und beste Dienst an der Gemeinschaft. Wer für Gott ist, ist für seine Brüder nicht verloren, sondern erst recht allen geschenkt. In jedem, der vor Gott steht, ist die Gemeinschaft aufgebrochen nach oben hin. Alles, was sich in den Tiefen der Seele des einzelnen abspielt, ist auch das Geschick und die Geschichte der anderen, die in ihm vor Gott stehen. So stand Jesus vor dem Vater, und wir alle waren mit dabei.

In dem offenen Dasein und der damit gegebenen Nähe zu Gott liegt auch die Möglichkeit des Fürbittgebetes und die Sicherheit seiner Erhörung. Wer offen ist vor Gott, will nichts mehr für sich haben, sondern übergibt alles Gott. Gott aber schenkt sich ihm; sie sind beide Freunde geworden. „Freunde habe ich euch genannt, denn ich habe euch alles kundgetan, was ich von meinem Vater habe", sagt Jesus. Die ganze Menschheit zieht zum Vater hin und erfährt im Betenden ihren Fürsprecher und den Anwalt ihrer Anliegen. Je tiefer darum ein Beter in der Gemeinschaft mit Gott steht, je „familiärer" er als „Hausgenosse Gottes" in Gott lebt, desto mehr dürfen sich auch die übrigen von seinen Vorsprachen bei Gott erwarten.

Daher kommt es, daß ich nicht oft und nicht lange genug daheim sein kann bei Gott, und das auch im

Interesse der vielen, die auf mein Gebet warten. Ob die Briefschreiber das ahnten, als sie schrieben, sie freuten sich, mich auf dem Krankenlager zu wissen, weil sie dadurch „einen Beter mehr haben".

Ob es je noch zu einer Arbeit kommen wird, weiß Gott allein. Wenn ja, dann soll alles nur mehr ein Außendienst sein dürfen, der aus dem Daheimsein bei Gott lebt; wenn nein, was tut's! Ich bin ausgelastet, ich habe übergenug „zu tun". Ich sehe jetzt schon, daß der Zustrom der Bittsteller von Tag zu Tag anwächst, und das Tagespensum in 24 Stunden kaum bewältigt werden kann.

Der Beter wird niemals fertig. Er hat das größte Arbeitsfeld.

ZWEI ODER DREI IN SEINEM NAMEN

Es ist ein ruhiger Sonntagnachmittag; der junge, diensthabende Arzt kommt zu mir. Wir sprechen von belanglosen Dingen. Dann fragt er ganz unvermittelt: „Pater, könnten wir nicht miteinander den Rosenkranz beten?" „Aber gerne!" Und wir beten miteinander den Rosenkranz. Ich bin ganz überrascht und fast verwirrt. Das hätte ich mir nicht erwartet!
In der Folgezeit wiederholt es sich immer wieder, daß Besucher mit mir beten. Ich bitte sie, wie der Arzt mich gebeten hat.
Eine neue Welt geht mir auf.
Allein vermögen wir ja durchaus viel vor Gott. Aber wenn wir zu zweien (oder zu noch mehreren) sind, können wir viel, viel mehr erreichen. Wir werden sogar unbekümmert dreist in unseren Forderungen an den Himmel. Ein Gefühl der Sicherheit erfüllt uns, und wir wissen, daß wir nicht umsonst beten.
„Eins und eins sind drei." — Die Gegenprobe dieser sonderbaren Addition ist nicht schwer. Sie steht bei Matthäus 18, 19 und hat folgenden Wortlaut: „Wenn zwei von euch auf Erden um irgendetwas einmütig bitten, so wird es ihnen von meinem Vater zuteil werden. Denn wo zwei oder drei in meinem Namen versammelt sind, da bin ich mitten unter ihnen."
Ich frage mich, wieso man diesen Satz im täglichen Vollzug des religiösen Leben so leicht vergessen kann. Warum kommen denn nicht mehr Christen im kleinen Kreis zusammen, um gemeinsam zu beten? Warum wollen so viele Beste vor Gott alles im Alleingang erreichen?
Man muß Christus einfach beim Wort nehmen und davon überzeugt sein, daß er da ist.

Denn das Große und nahezu mit den Händen Greifbare dieser Gemeinsamkeit vor Gott ist in erster Linie die *Anwesenheit* des Herrn. Er ist der Haupt- und Vorbeter, der unsere stammelnden, unbeholfenen Bitten zusammennimmt und sie vor dem Vater in unserem Namen so sagt, wie sie am besten „ankommen". Er ist unser Wortführer, wenn wir „intervenieren" für die vielen, die auf unsere Fürbitte warten. Er stellt sich hinter unseren Dank und unser Gotteslob und gibt ihm Gewicht und Gültigkeit.

Dieses gemeinsame und einmütige Beten vermag wahre Wunder zu wirken.

Was man dabei zunächst unmittelbar erfahren kann, ist eine große *Zuversicht*, erhört zu sein, nicht in einem vordergründigen, voreiligen Sinn, vielmehr dahingehend, daß wir uns von Gott in unserem Stehen vor ihm und für alle, die wir im Gebete bei uns haben, angenommen wissen; und daß *er* unser Beten dorthin leiten wird, wo es nach seinem allwissenden Blick am notwendigsten gebraucht wird.

Das weitere „Ergebnis" solchen Betens ist eine spontan erwachsende Freude und Dankbarkeit dafür, in *ihm* vereint sein zu dürfen. Diese Freude läßt den grauen Alltag der Krankheit und der sonstigen täglichen Kreuze vergessen und wirkt voraus in kommende Situationen des Alleinseins. Solche Freuden aus gemeinsamen Gebeten stehen wie eine Sonne über einem Tag, einer ganzen Woche und sie werfen ihr Strahlen auf alle Menschen, die in die Nähe des Krankenlagers kommen.

Dankbarkeit bleibt am Grund der Seele. Man erkennt, daß man in Gütern schwelgt, während andere des Trostes entbehren müssen.

Die Gnade, glauben zu dürfen, wird zum strahlenden Erlebnis. Vielen fehlt dieser Glaube an die Anwesenheit Gottes in ihrem Leben, das Wissen, daß nichts umsonst, daß vielmehr alles angenommen und Kapital ist in der Hand Gottes.

Ein letztes „Ergebnis" unseres gemeinsamen Betens in seinem Namen ist schließlich die Gemeinsamkeit der Betenden selbst. Einheit der Gesinnung, Ausrichtung aller Gedanken auf das gleiche Ziel, vor allem aber gemeinsames Tragen der Lasten des anderen und gemeinsames Stehen vor Gott geben die Gewißheit, daß unsere Einsamkeit und Isolierung überwunden ist. Es gibt so viele Ratlosigkeit, so viel Unlust am Leben, so viel Anfälligkeit zu Undank, so viel Abkapselung in die selbstgebauten Bastionen des eigenen Ich.

Den Betern gelingt es, dies alles zu überwinden.

Sie bilden eine Keimzelle, aus der Gott Tag um Tag Großes hervorgehen läßt. Denn Christus ist unter ihnen.

DEIN WORT IST LEUCHTE FÜR MEINEN FUSS

Lesen ist für mich noch zu anstrengend. So finde ich zunächst mit Hilfe eines Radios langsam wieder Anschluß an den Lauf der großen Welt außerhalb der vier Wände meines Krankenzimmers. Am Sonntag schalte ich es ein zur Geistlichen Stunde und zur anschließenden Meßfeier. Nach Monaten der „geistlichen Selbstversorgung" höre ich wieder eine Predigt und feiere die Messe mit, so gut ich es eben schaffen kann. Der Radioprediger spricht zehn Minuten. Dann ist er beim Amen. Es kam viel zu schnell, ich hätte noch einiges erwartet. Oder bekomme ich noch nicht alles mit, „schalte" ich noch zu früh ab? An den nächsten Sonntagen muß ich aufmerksamer sein. Aber es ist immer der gleiche Rest von Fragen, mit denen ich allein bleibe. Was hat er *mir* gesagt für *mein* Leben in der kommenden Woche? Was sagt Gott zu mir, will ich wissen!

Aus dem Schwall der Worte, die über mich hinweggerauscht sind, gähnt mich eine Leere an. Ich beginne zu kritisieren. Gott, verzeih mir! Aber diese Fragen brennen mir auf der Seele. Und vielleicht ergeht es an diesen Sonntagvormittagen schon lange vielen Tausenden wie mir. (Denn wenn ich recht überlege, dürfte das Gros der Hörer aus Kranken und Leidenden, aus Gehbehinderten, aus Hausfrauen bestehen, die nicht zur Messe gehen können.) Mag sein, daß sie alle die gleichen Fragen stellen wie ich.

Was mir zunächst sehr deutlich auffällt: Hier wird viel geredet, wunderbare Sätze werden geformt in langen Satzperioden! Aber das direkte Wort Gottes fehlt. Manches wird von Gott gesagt, das meiste aber vom

Menschen. Das Wort der Bibel hat wenig Chance, zitiert zu werden!

Um nicht ungerecht zu werden, verfolge ich eines Vormittags eine solche Predigt mit der Stoppuhr. In den zur Verfügung stehenden zehn Minuten kommt erst in der 7. Minute zum erstenmal der Name Gottes vor, und Paulus wird in dieser Ansprache über die Hoffnung des Christen nur ein einziges Mal erwähnt. Vorher aber gehört das Wort verschiedenen Agnostikern und Atheisten aller Härtegrade. Vergilbte Zitate von Feuerbach, Nietzsche, Hegel, Marx, Heidegger, Camus u. a. werden mir als Kost für die kommende Woche serviert.

Hier erlebe ich die Krise, in der wir mit unserer christlichen Verkündigung stecken! Ich frage mich, ob unsere „Predigten" noch mehr sind als ein humanistisches Gefasel, in dem Gott ein schmückendes Beiwort ist.

Weichen wir nicht allzu auffallend dem Worte Gottes und seinen Forderungen aus und ergehen uns dafür in beschönigenden, nivellierenden „Lebenshilfen"? —

Von der Silvesteransprache des „Fernsehpredigers" ist mein Besucher „fasziniert". Als ich ihn aber frage, was er denn daraus für sein geistliches Leben, für den „inneren Menschen" in das kommende Jahr hinübernehme, kann er mir kaum mit einem halben Satz antworten.

Scheut man sich heute des direkten Wortes Gottes? Ist die Liebe zum Gotteswort etwa schon zu sehr ausgehöhlt durch „Entmythologisierungsprozesse", durch das Studium der literarischen Gattungen, durch Hinweise auf „Pseudoepigraphen", auf zeitgebundene Denk- und Vorstellungsschemen, die in den heiligen Schriften verewigt und deshalb unverbindlich und unzumutbar sein sollen für den Geist des modernen Menschen?

Auf der anderen Seite finden wir demgegenüber gerade heute ein ernstes und ehrliches Verlangen nach dem Wort des Heiles wie nie zuvor. Der rechte Christ schreit mehr denn je nach „jedem Wort, das aus dem Munde Gottes kommt". Die Bibel wird auf allen Breiten des kirchlich-religiösen Lebens ernster genommen.

Man muß freudig feststellen, daß wir heute auf dem Weg zu einer vertieften Erkenntnis der Bedeutung des Gotteswortes sind. Im Wort des Evangeliums kommt uns ja die Macht des lebendigen Christus nahe. Daher sollten wir die heiligen Schriften immer gründlicher studieren. Manche Erfolge haben wir schon erreicht, so etwa mit den Ergebnissen der Bibelwissenschaft. Wir können mit ihrer Hilfe besser erfassen, wie Gott auch zu *uns* spricht und was er uns in seinem Wort hier und jetzt sagen will. In diesem Wort sind wir Christus selbst nahe. „In den Sakramenten, der Liturgie und der Kirche ist die Wundermacht Jesu für immer lebendig, doch auch in den Worten des Evangeliums lebt seine Macht weiter. Sie werden Leben, indem sie den, der glaubt, innerlich anrühren."[4]

Hier ist ein wesentliches Moment angedeutet, das wir heute dringend brauchen und das uns in der Begegnung mit dem Gotteswort unentbehrlich ist: die Haltung des Glaubens und der Ehrfurcht vor Gott, der zu uns spricht.

Das Studium der Bibel kann man auf verschiedene Arten beitreiben: als die von Ehrfurcht und Glaubensbereitschaft getragene Suche nach dem, was Gott

---

[4] Lucien Cerfaux, Die lebendige Stimme des Evangeliums, Mainz 1953, S. 9.

uns in seinem Wort sagen möchte; oder als die ohne Ehrfurcht betriebene voraussetzungslose Zerstückelung des lebendigen Heilswortes in unergiebige Einzelteile. Der Gefahr, in den zerlegten Teilen die „Seele" zu suchen (und sie nicht mehr zu finden), sich in Äußerlichkeiten wie sprachliches Gewand, Umwelteinflüsse bei der Abfassung, Entstehungsbedingungen u. dgl. m. zu verbohren und darüber das lebendige, wirksame Gotteswort zu vergessen, „das schärfer ist als das zweischneidige Schwert und Seele und Leib, Mark und Bein durchdringt und ein Richter ist über die Gedanken und die Gesinnungen des Herzens" (Hebr. 4, 11—12) — dieser Gefahr sind Bibelwissenschaftler und in ihrem Gefolge Künder des Wortes heute besonders ausgesetzt.

Vor allem aber ist immer wieder jene Haltung dem Gotteswort gegenüber gefordert, die Gott und Mensch in der rechten Ordnung zu sehen bereit bleibt und der Selbstbescheidung des menschlichen Geistes, nicht aber dem Geistesstolz das Wort redet. Ernst Hello sagt treffend: „Der Geist (des Menschen) genügt nicht, um dem Menschen die Haltung zu geben, die er vor diesem Wort (Gottes) braucht. Wollte ein großer Geist für sich allein aufs Geratewohl, fern der Kirche und ohne den Glauben, die heilige Schrift erforschen, so würde ihm von innen und außen her die Möglichkeit zahllosen Irrtums drohen. Wir brauchen den Glauben, wir brauchen die Einfachheit. Vor den göttlichen Dingen ist das Niederknien die Haltung, die uns einsichtig macht. Wer nicht damit beginnt, niederzuknien, der ist von allen Gefahren bedroht."[5]

Wo diese Haltung der Ehrfurcht und Anbetung vor

---

[5] Ernst Hello, Worte Gottes, Köln ²1950, S. 12.

dem Gottesgeheimnis des *Wortes* nicht mehr vorhanden ist, sind dem Unglauben Tür und Tor geöffnet, und die Worte der Bibel bleiben steril und unterscheiden sich in nichts mehr von denen religiöser Bücher alter Kulturen. Wenn aber das „Niederknien" die Grundeinstellung des Geistes bleibt, dann erblüht aus jedem Wort Gottes Leben, Freude, Frieden — ja das Heil. Gott offenbart sich nur dem, der in den eigenen Augen klein und gering ist und in der Bereitschaft des Hinhörens vor Gott hintritt. Dann — und nur dann! — ist sein Wort Kraft und Macht und Leben für die Seele. Wer dieses Wort so annimmt, braucht für die Bewältigung seiner Existenz keine Anleihen mehr bei den Marktschreiern; er ist im Wort des Evangeliums der Wahrheit begegnet; er ist auf dem Weg zu Gott; er lebt bereits in Gott.

Dies ist das Wort des Lebens, das der heutige Mensch ersehnt. Um zu erfahren, daß das Leben hart sein kann, brauche ich keinen Philosophen unserer Tage zu befragen. Er gibt mir nichts. Er läßt meine Seele leer. Aber ich brauche das Wort Gottes, das mir Brot ist für mein tägliches Leben. Ich brauche Gottes Wort, das „Leuchte ist für meinen Fuß und Licht auf meinem Pfad" (Ps 118, 105), das „Trost ist in meinem Leben", weil es mich förmlich belebt (Ps 119, 50). Dieses Wort brauche ich. Denn es hält mich aufrecht und sagt und versichert mir, daß „Er nicht ferne ist einem jeden von uns", selbst, „wenn ich mitten im Todestal wanderte". Darum halte ich mich nach der Mahnung des ersten Papstes fest an diesem Wort, dieser „Leuchte, die einen hellen Schein in alles Dunkel wirft, bis der Tag anbricht und der Morgenstern im Herzen aufgeht" (2 Petr 1, 19).

Ob und wann ich selber noch einmal werde predigen

können, das weiß Gott allein. Eines müßte ich — gerade aus der Erfahrung dieser Monate — den Menschen immer wieder sagen:

Gott ist da und verläßt uns auch in den schweren Stunden nicht. Er ist da als unser *Vater* — auch wenn er uns Leid schickt, und wir nichts mehr verstehen von allem, was über uns hereinbricht. Er hat uns an Kindesstatt angenommen; wir gehören zu seiner Familie, wir sind eingeladen, bei ihm unsere Vollendung, unsere Seligkeit, unsere unverlierbare Freude zu finden.

Und *Christus* ist da, unsere Hoffnung auf die Herrlichkeit (Kol 1, 27). Er geht uns voran im Leben und trägt mit uns auch alles Ungemach. Er ist in uns als die Quelle aller Freude und allen Friedens. Er ist unser Wortführer vor dem Vater. In ihm gehen wir der letzten Herrlichkeit entgegen. Ihn halten wir heilig in unseren Herzen; ihm sind wir auch gleichgestaltet in Leiden und Sterben und mit seiner Herrlichkeit werden wir einst überkleidet werden.

Und Gottes *heiliger Geist* ist da und macht aus unserem Leben einen einzigen Lobgesang. Er ist in uns der Rufende, der Betende; er gibt uns Kraft und Schwung, Heiligkeit und vor allem die *Liebe*. Er ist in uns als das „Angeld", als die „Vorauszahlung" jener Seligkeit bei Gott, der wir entgegengehen. Er ruft in uns in unaussprechlichen Seufzern; er vertieft in uns das Kindesbewußtsein vor dem Vater und läßt uns stets voller Zuversicht sagen: „Abba, lieber Vater!"

Dies würde ich — als Gottes Auskunft für unser Leben — sagen und in tausend Wendungen wiederholen. Und ich würde bitten wie Paulus und beschwören wie Johannes: Laßt euch mit Gott versöhnen und liebet einander brüderlich!

Während ich diese „Predigt für die anderen" zusammenbaue, werde ich selbst schon zum „Hörer des Wortes".
Nun kann ich getrost das Rundfunkgerät abdrehen. Ich habe „Brot" für diesen Tag und ein Licht für meinen Pfad durch die kommende Woche.

LEBEN IN FÜLLE

In diesen Wochen und Monaten meines Krankseins werde ich nahezu mit Gewalt auf elementare Wirklichkeiten des Daseins hingelenkt, die sonst meist unbeachtet bleiben, weil sie zu den fraglosen Selbstverständlichkeiten gehören. Wer denkt schon über das Leben und dessen Gesetzmäßigkeiten und über das geheimnisvolle Zusammenspiel der Kräfte nach, solange Herz und Lunge in Ordnung sind?

Da mein Leben ernstlich bedroht ist, verspüre ich einen Kampf, der mein Sein bis in die letzten Wurzeln erschüttert. Ich stehe unvermittelt und ungeschützt vor dem Geheimnis „Leben", das mich im Dasein erhält.

Was ist denn dieses Leben in mir? Welche Gewalten bedrohen mich? Werden die Kräfte des Lebens stärker sein als der Tod?

Diese und noch viele andere Fragen drängen, beantwortet zu werden. Wer kann Antwort geben?

Ich erfahre, daß ich in der unmittelbaren Bedrohtheit für die zahlreichen Fragestellungen und Appelle, die das Dasein selbst an mich stellt, offener und empfänglicher werde.

Zunächst empfinde ich unmittelbar und am eigenen Wesen die Urgewalt des Am-Leben-Hängens, der Bejahung des Daseins, der Abwehr gegen den Untergang. Der Wille zum Leben ist stärker als alle zerstörerischen Kräfte, die an mir am Werk sind. Er bindet mich wie ein unzerreißbarer Faden an den Urgrund des Seins, den Schöpfergott selbst. Aufgabe des Lebens, Auflösung und Tot-sein-Müssen erscheinen im Bewußtsein als klare Zeichen des Widersprüchlichen und

Nicht-sein-Sollenden. Die Abwehr der Natur gegen den Tod ist nur die Kehrseite der Bejahung des Lebens. In ihr steckt schon die volle Zusicherung des Daseins. Wenn ich sterben müßte und mit dem Tod alles zu Ende wäre, wäre jede Scheu und jede Angst vor dem Tode widersinnig, ein tragisches Trugspiel der Natur. So aber ist mir die Angst vor dem Tod, die ich mit allen Menschen teile, Stütze und Beweis dafür, daß das Leben in mir unaufhörlich ist, daß ich niemals untergehen werde, auch wenn mein Leib sich auflöst. Und wenn mir durch die Offenbarung des Gotteswortes versichert wird, daß ich in Ewigkeit zu unverlierbarem Leben und Glücklichsein bei Gott gerufen bin, dann ist das nicht etwas in sich Unmögliches und Widerspruchsvolles, sondern die letzte Garantie von oben, die Antwort, die den drängendsten Fragen meines Wesens entspricht.

Der Kampf um Leben und Tod, in den ich hineingeraten bin, hat seinen Sinngehalt jenseits der biologischen Bedeutung. Abgesehen von den Fällen äußerster Gewaltanwendung von außen her, hat auch das Leben des Leibes die Tendenz, zu überdauern und die innere Mächtigkeit, zu widerstehen. Ärzte und alle Menschen, die beruflich am Krankenbett dienen, sind von dieser Urgewalt des Lebens stets neu fasziniert. Auch als Patient erhält man davon bisweilen ziemlich klare Vorstellungen. Um meine „Lebensgeister" wach zu halten, sagt man mir in diesen Monaten oft: „Nur keine Angst, der Mensch stirbt nicht so leicht!" Das Leben ist in uns in Mächtigkeit, und bevor es gezwungen wird, den Rückzug anzutreten, müssen Widerstände überwunden und Kämpfe ausgetragen werden, die an Heftigkeit und Dramatik denen auf Kriegsschauplätzen in nichts nachstehen. Nicht immer, aber manchmal, dann aber sehr deutlich, kommt einem im Krankenbett diese Auseinandersetzung zwischen Leben und Tod im eigenen Wesen auch erlebnismäßig nahe, und man ist dann zutiefst berührt vom Geheimnis des Lebendigen — vom Leben! —, das nicht totes Kapital, sondern drängende, pulsierende Realität darstellt. Man spürt das vor allem dann, wenn die Kräfte des Lebens in Vormarsch, in „Offensive" sind, also in der Rekonvaleszenz, und man meint die lebendige Hand DESSEN am Werk zu sehen, der der Spender und Erhalter dieses Lebens ist.

Neben der Mächtigkeit und Urgewalt des Lebens zu überdauern, erhält man schließlich in der Krankheit auch das Wissen von Abhängigkeit, Schutzbedürfnis und Angewiesen-Sein des Lebens auf die außerpersonalen Mächte und Gestaltungskräfte neu geschenkt. Es bleibt auf den Kranken nicht ohne Eindruck, zu sehen, daß er nahezu jede Stunde von der Fürsorge und vom Dienst derer abhängt, die mit Wissen und Können über seinem Leben zu wachen haben. Das Leben ist eben anvertrautes Gut, das entfaltet, gehegt und gehütet werden muß.

Was ist der Mensch mit seinem kostbaren Schatz des Lebens ohne die mitmenschliche Hilfe? Die Abhängigkeit von anderen — den vorgegebenen Mitmenschen — ist ein klarer Beweis dafür, daß der Mensch auf einen Höchsten und Letzten verwiesen ist.

All diese Dinge spielen sich vor meinen Augen ab, betreffen mein Dasein in greifbarer Unmittelbarkeit und sprechen eine Sprache, deren Sinnbild- und Hinweischarakter auf tiefere Vorgänge ich nicht übersehen kann und darf.

Auch das *Übernatürliche* ist dabei nicht nur irgendwie in die psychologischen und biologischen Vorgänge einbezogen, sondern ganz unzweideutig, wenn auch verschleiert, zum Ausdruck gebracht. Ansatzpunkte, in denen das sinnenhaft vorgegebene Geschehen an meinem Leib in die Welt des Übernatürlichen verweist, gibt es viele.

Ich will mich auf ein Urwort aller übernatürlichen Wirklichkeiten beschränken, das mir in diesem Zusammenhang nicht von ungefähr in den Sinn kommt. Es ist das Wort „Leben" selbst.

In der heiligen Schrift heißt es immer wieder, daß uns Gott in seinem Sohn das „Leben" schenkt, und zwar „Leben in Überfülle" (Jo 10, 10).

Dieses Wort hat nun für mich einen ganz anderen Klang. Wer gerade in der Bedrohtheit seiner Existenz die Urgewalt des Lebens selbst erahnt hat, hat einen direkten Zugang zu allen Wirklichkeiten der Gnade, die Gott uns gibt, und die „Leben" in pulsierender Kraft sind.

Gnade ist Leben aus Gott; ist jenes Leben, zu dem wir in Christus endgültig berufen sind, und das unser glücklicher Anteil in Ewigkeit bleiben wird. Es trägt alle Kennzeichen jeglichen Lebens, was Wachstum und Entfaltung, was dynamische Kraft und inwendigen Drang zur Fülle und zur Vollendung, und was schließlich die volle Reife selbst betrifft.

Gnade ist dieses Leben Gottes, das uns zu Kindern Gottes macht, indem es uns Anteil an der göttlichen Natur gibt. Alle, die getauft sind und in der Vereinigung mit Christus leben, tragen dieses Leben, das bereits Endgültigkeit bedeutet und nichts Vorläufiges.

Es braucht nie mehr abgelöst werden, sondern wartet nur noch auf die volle Entfaltung. Zunächst ist es in uns erster Ansatz, der verstärkt, Kern, der aufgebrochen, Teil, der zum Ganzen hinzugenommen wird — so wie im Samen schon der Baum, in der Knospe die Frucht anwesend ist. Der Geist Gottes, sagt die Schrift, ist und lebt schon in uns als „Angeld", als „Vorauszahlung", zu der — um das Bild zu vervollständigen — das Ganze des Kaufpreises noch später, aber ganz sicher, hinzukommen wird.

Das Leben Gottes ist schon in jenem, der das Fleisch des Menschensohnes genießt.

Weil dem so ist, darum hat der Christ auch keine Ruhe mehr. Etwas Drängendes, Treibendes ist in ihm, das ihn nicht stehenbleiben läßt. Leben möchte Lebensraum, alles Wachsende und Keimende möchte Durchbruch zum Licht.

Ein Besucher kommt in diesen Tagen zu mir und erzählt mir folgendes: Am Grabe seiner Mutter entdeckt er, daß sich im Laufe einer ganz kurzen Zeit die Steinplatten der Grabeseinfassung allmählich aus den Verfugungen lösten und zur Seite neigten. Eine genaue Untersuchung lieferte die Lösung des Rätsels. Die Wurzeln eines nahen Baumes zwängten sich zwischen die Grabplatten und zwangen auf Grund des Wachstums das festgefügte Steinwerk zum Aufbruch und Ausweichen.

So ist das Leben! Es drängt in die Weite und Breite. Es sprengt selbst Versteinerungen. Es will Lebensraum. Das ist auch ein Bild für das drängende Leben Gottes in uns. Es sagt Gleiches aus wie Jesu Bilder: vom „Reich Gottes", das verglichen wird mit dem Sauerteig, der die ganze Masse des Mehls durchdringt und umwandelt; vom Senfkorn, das die Kraft in sich hat, ein hoher Baum zu werden; vom neuen Wein, der alles Alte zersprengt; vom kostbaren Schatz im Acker, der gesucht und gehoben werden soll.

So ist Gottes Leben in uns. Es drängt und treibt, ist „Dynamis", *Dynamit* in dieser Welt.

Wer dieses Leben in sich trägt, steht in voller innerer Blüte und in Beziehung zu allen Geschöpfen dieser Welt. Er ist nicht Schlußpunkt, nicht Endstation, sondern bergender Sammelort zur Weiterfahrt, ist Umschlagplatz zur Ewigkeit. Durch sein Wesen leuchtet schon die angebrochene Endherrlichkeit in diese Welt und Schöpfung hinein.

Die Wandlung zur vollen Endherrlichkeit ist schon hier und jetzt im Gange. Die Vollreife ist für dieses Leben erreicht, wenn der Mensch eingehen wird in die ganze und unverlierbare Teilhabe an Gottes Sein. Dann ist für den Menschen das Ganze dieses Lebens voll da.

Wir gehen auf Grund unseres Erfaßtseins durch Christus schon unaufhaltsam diesem Endereignis zu und wir stehen schon in der Endphase dieses Weges. Mag sich an unserer äußeren Existenz abspielen was immer: Abstieg, Zerfall, Tod — mag „unser äußerer Mensch auch aufgerieben werden", wie die Schrift sagt — es kann der Aufwärtsbewegung, der drängenden Kraft dieses Lebens in uns keinen Einhalt und keinen Abbruch mehr tun.

In der täglich unerbittlichen, aber doch so heilsamen Konfrontation mit den Gefahren für das Leben meines Leibes werde ich also auf die Wirklichkeit dieses Gotteslebens in mir verwiesen, das gleichermaßen Lebensraum behaupten und gegen alle Bedrohung und Ge-

fährdung ankämpfen möchte, um dann doch — so will ich es glauben — „in Überfülle" aus Gott die letzte Entfaltung zu erlangen.
Gott gebe das!
Der Himmel ist in diesem Leben schon in mir. Was will ich mehr!
Ich *lebe*, auch wenn ich täglich sterbe!

MENSCHEN UM MEIN BETT HERUM

Viele Menschen kommen im Laufe der Monate an mein Krankenlager. Sie sind der „Rest" aller jener, die mir, da ich im Leben noch voll engagiert war, begegnet sind. Die Zahl derer, die mein Leben im Krankenbett mitverfolgen und mein Schicksal mitgestalten, ist äußerst gering. Die Zeit, die ich mit den Besuchern zusammen sein kann, ist bemessen. Unsere Begegnung ist darum wohl um so tiefer an Wert und Bedeutung. Wenn ich davon überzeugt bin, daß ich auch in diesem Zustand für meine Mitwelt noch von Bedeutung bin und etwas zu geben habe, muß ich mir doch bewußt bleiben, daß die wenigen, die im Laufe einer Woche zu mir kommen, für mich das Tor darstellen, durch das ich mit den übrigen in Kontakt zu bleiben habe. Es wird mir bald klar, daß ich in diesen Begegnungen nicht eine rein passive Rolle innehabe, sondern auch meinen aktiven Anteil leisten muß.

Es ist ein unschätzbarer „Ertrag" dieser Monate, daß ich viele Menschen kennenlernen kann, die mit der Offenheit ihres Wesens mich selbst und die vielen Kranken um mich herum, die noch ärmer sind als ich, umsorgen. Dieser „Ertrag" ist von größtem Wert, und ich schätze ihn höher als alle „Erträgnisse" aus meinem Studium und meiner sonstigen Ausbildung. Er gehört nun zu mir, und ich werde durch ihn reicher in meinem Menschsein. Darum werde ich, sollte ich noch einmal dazu fähig werden, von der Güte der Menschen künden und den Glauben an den „guten Menschen" vertiefen müssen — vor allem aber jenen, die gut sind, auf jede Weise helfend nahe zu bleiben haben, damit auch sie vor der Not ihrer Mitmenschen das Zeugnis

für die Güte und Menschenfreundlichkeit Gottes geben. Denn aus ihrem Gutsein ist unschwer die Güte des unter uns anwesenden Gottes zu erkennen. Gott hat viele Weisen, unter uns Menschen zu sein; eine davon ist die Gestalt unserer guten und sich restlos verschenkenden Brüder und Schwestern.
Man erhält vom Krankenbett aus einen einzigartigen Blickwinkel der Einstellung zum Mitmenschen, der Empfänglichkeit und der Aufnahmewilligkeit für dessen Gutsein und für dessen personalen Wert — aber auch der schärferen Beobachtungsgabe und der tieferen Einsicht in alles Echte und Gekünstelte, für den guten Kern und für aufgetragene Tünche — und erst recht für die Bedeutung und den Sinn menschlicher Begegnung.
Ich erkenne sehr bald die einzelnen Abschnitte, die ich in dieser Begegnung zu spielen habe.

Als erstes wird mir klar, daß ich an den guten Willen und an die Güte meiner Helfer glauben und für deren verschiedenste Spielarten aufmerksam und wach sein muß.
Ich bin den Ärzten und Schwestern ausgeliefert, bin zum Objekt ihrer Sorge geworden. Ich darf — und muß — mich ihnen anvertrauen bis zur Preisgabe meines Ichs, bis zur Aufgabe des Bewußtseins in der Narkose. Das Vertrauen ist mein erster Dienst an ihnen und der grundlegende Beitrag, den ich täglich für die zu meinem Heil führende und ihnen als Menschen gerecht werdende Begegnung leisten kann. Der Glaube an ihren guten Willen ist mein unentbehrliches Entgegenkommen ihnen gegenüber, gerade dann, wenn der Erfolg ihrer Bemühungen ausbleibt und ihr gutgemeintes Tun in die Gegenrichtung ausschlägt.

Es ist schrecklich, Tag für Tag den verantwortlichen Arzt an das eigene Krankenbett treten zu sehen, wenn man sich der Auflösung preisgegeben sieht. Ein Wort der Härte und der Anklage könnte Klüfte aufreißen und einen Menschen zerstören. So sagt man das Wort nicht, sondern wird trotz aller eigenen Betrübnis noch zum Tröster.

Es ist nicht minder schwer, die Verwandten und Freunde am Bett sitzen zu sehen und in ihren Gesichtern den Widerschein der eigenen Lage zu lesen. Man möchte es ihnen so gerne ersparen, mitzuerleben, was man selbst notgedrungen erdulden muß, und manchmal möchte man sie ganz weit weg haben, um ihnen den eigenen Anblick nicht bieten zu müssen.

In dieser Situation merke ich sehr bald, daß ich nicht bloß Objekt der Zuwendung und Fürsorge und der nur Nehmende sein darf. Ich muß gleichermaßen der Gebende sein. Das ist nicht einfach. Was ich „geben" kann, ist nicht viel. Aber es ist alles, was ich habe: Mein Dasein. Ich lebe es, so gut es geht. Ich biete es an und stelle seinen Aussagewert zur Verfügung für die Pflegenden auf der Station und für alle, die tagsüber zu mir auf Besuch kommen.

Es ist eigenartig, daß Schwestern und Ärzte trotz der Überlastung, der sie bei ihrer Arbeit ausgeliefert sind, bei meinem Bett verweilen, obwohl sie dort „dienstlich" eigentlich nichts mehr zu tun haben.

Eine lange Krankheit bringt Patienten und Pflegekräfte einander auch als Menschen nahe und fordert sie zur gegenseitigen Übernahme der Lasten auf. Sie öffnet das Auge für den anderen und läßt erkennen, daß die eigene Last immer noch die geringere ist.

Ich weiß, daß mein Schicksal und die täglichen Veränderungen meiner Krankheitskurve auch in die Familien der Ärzte und Schwestern hineingetragen werden — wie auch die Sorgen und Kümmernisse von deren Familien an mein Krankenlager gebracht werden, damit ich sie mittragen helfe. Es ist auch sonderbar, daß viele Besucher Briefe schreiben, in denen sie den Besuch bei mir als „Erlebnis" hinstellen und sich bedanken, obwohl ich nicht mehr bieten konnte als Jammer und Elend und manchmal ein wenig Humor.

Als Mensch, der aus dem Glauben zu leben versucht, muß mein aktiver Anteil an dieser Begegnung am Krankenbett darin bestehen, daß ich täglich jede neue Begegnung im Gebet vorzubereiten habe. Des Morgens müssen vor Gott im Geiste alle begrüßt und willkommen geheißen werden, die tagsüber zu mir kommen werden. Sie müssen davon eine Ahnung erhalten, daß ER bei mir ist, und daß ich aus IHM leben möchte in Freude und Zufriedenheit. Und vor allem muß ich aus jedem ihrer Handgriffe, aus ihren Worten einen Gruß von Gott selber herauslesen, den ich dankbar annehmen werde als Zeichen seines Wohlwollens und als Grund zu vertiefter Freude und Dankbarkeit.

Oft geht dieser Vorsatz im Übermaß der Betrübnis und in der Wucht der Schmerzen unter. Aber das stört mich nicht.

Wenn ich auch anfangs heulen möchte, kommen doch allmählich innere Gelöstheit, ja selbst Humor über mich. Sie helfen mir über manche düstere Wegstrecke hinweg und beeinflussen zusehends auch meinen Gesundheitszustand in positiver Weise.

Unter den Menschentypen, die ich im Laufe der Zeit aus nächster Nähe studieren kann, fallen mir beson-

ders zwei Gruppen von Menschen auf. Manche kommen, um angehört zu werden, wenn sie ihre Monologe ablaufen lassen. Die hören nicht auf den Kranken. Die haben alles schon viel länger und viel schmerzhafter durchgestanden, sie wissen auch alles viel besser als die behandelnden Ärzte und Schwestern. Ich lasse sie reden! Vielleicht besteht ihr Leid darin, daß sie sonst niemand mehr anhört. Wenn man sie angehört hat, gehen sie dankbar wieder fort. Sie haben in diesem Besuch ein „Erlebnis" gehabt!
Viele aber kommen, die mit ihrem Dasein Freude bereiten wollen. Sie möchten ganz für den Kranken offen bleiben. Solche Menschen kennt man aus den vielen heraus. Wenn sie da sind, ist Festesfreude und Feiertagsstimmung im Raum, und die Stunden verrinnen viel zu schnell. Sie strahlen eine Ruhe aus und eine Zuversicht, die ein Widerschein ihres inneren Ausgefülltseins, ihrer inneren Ordnung, Korrektheit und Wohlgeratenheit sind. Diese Menschen sind ein wirkliches Geschenk des Himmels.
Und wenn man sie um sich herum und an sich hantieren sieht, fängt man instinktiv und unwillkürlich zu beten und Gott zu danken an, daß es sie gibt. Ihre Anwesenheit tut eine Wirkung, die man nur schwer ausdrücken kann, die man aber verspürt im Aufschwung aller Lebensenergien, aller Kräfte des Guten, des Wahren und Schönen in den Tiefen des Seins. Und wenn sie gehen, dann möchte man ihnen tagelang nachlaufen, um in ihrer Nähe zu sein.
Eine Leere bleibt nach der Begegnung mit solchen Menschen zurück, die durchaus nicht tatenlos dahindösen läßt, sondern nach Ausfüllung ruft und die besten Geisteskräfte wachrüttelt. Ein Impuls geht von ihnen aus, eine Einladung, die nicht ruhen läßt. Eine

Sehnsucht wird wach, die nicht einfach dazu treibt, platt und naiv so sein zu wollen, wie jene sind, sondern gut zu sein, wie es dem eigenen Wesen und der eigenen Bestimmung entspricht. Man will nirgendwo lieber sein als dort, wo Gott einen hingestellt hat, um das zu tun, was man im Gewissen als SEINEN Anruf erkennt.

Ich habe immer wieder gemerkt, daß das Geheimnis solcher Wirkung der in diesen Menschen anwesende Gott ist; und daß sie irgendein Leid, ein Kreuz tragen, das sie zu dem gemacht hat, was sie sind. GOTT ist bei ihnen, und sie bieten ihn mit dem wortlosen Angebot ihres einfachen Daseins, mit der stillen Selbstverständlichkeit ihrer Präsenz aller Welt dar.

Solche Menschen werden immer wieder zum Erlebnis, das weiterwirkt in kommende Tage, und man ist nach jeder Begegnung mit ihnen reicher und tiefer — man ist mehr Mensch. Man freut sich, Mensch zu sein und fühlt dankbar den Ansporn, es immer mehr zu werden.

So sollten wir alle zueinander und füreinander sein.

Wir können einander Last sein, aber auch Hilfe und Stütze.

Wir können aneinander zerschellen oder auch aufstehen.

Wir können uns der Gegenwart Gottes berauben.

Wir können einander aber auch Gott schenken und uns der Seligkeit aus ihm erfreuen!

WARUM DAS ALLES?

Mein Bett, in welchem ich seit Monaten eingegipst liege, wird in einen kleinen Raum geschoben, in dem in den nächsten Augenblicken die „Sägearbeiten" der Gipsabnahme — eine Tortur, wie ich sie mir vorher nie hätte träumen lassen — beginnen sollen.

Ich muß wohl einen mehr als erbarmungswürdigen Anblick geboten haben. Die Ärzte, vom Professor angefangen bis herunter zum einfachen Turnusarzt, hatten kurz zuvor das Seiten umfassende Begleitschreiben über meine bisherige „Odyssee" genau durchstudiert und mir dabei immer wieder mißtrauisch fragende Blicke zugeworfen. „Ein sehr rohes Ei!"

Nun liege ich also wieder in einem der unzähligen Ambulanzräume und warte der kommenden Dinge. Eine alte, mir völlig unbekannte Putzfrau, die mich nie zuvor gesehen hat, tritt an mein Bett und stellt teilnahmsvoll und behutsam einige Fragen nach der Art, der Ursache, der Dauer meiner Krankheit. Dann bekomme ich eine Salve des Aufbegehrens, der Entladung über die ungerechte Verteilung von Freud und Leid in der Welt zu hören, die trotz des bitteren Ernstes, in dem die Worte gesprochen sind, des Grotesken nicht entbehrt. „Die Reichen, die Bonzen, die Verbrecher, denen fehlt nichts, und die gehen in diesem Leben immer gut aus, aber arme Schlucker und unschuldige Menschen" — zu denen sie offensichtlich mich zählte — „die müssen solche Dinge erleben und durchstehen."

Die uralte Frage nach der Ursache und dem Sinn des Leidens wird hier vehement aufgeworfen. — *Warum das alles?*

Natürlich gibt es das Problem des Leidens als Frage auch für mich. Niemand kann sich ihm entziehen. Aber nun, da ich selbst daliege, ist es nicht ein weltfernes, abstraktes Problem, über das sich geistreich diskutieren läßt, sondern bitterer Ernst. Es ist für mich eine Existenzfrage.

Das Folgende mag sehr unwahrscheinlich klingen, und doch trifft es die Wirklichkeit, in der ich lebe.

Obwohl ich merke, daß eine grundlegende Umwälzung und Wandlung meiner bisherigen äußeren Existenz (und vermutlich auch meines inneren Gesamtgefüges) im Gange ist, deren Ausgang und Endergebnis mir nicht einmal andeutungsweise klar ist — bleibt mir doch jener lähmende und zermürbende „Schrei aus der Tiefe" erspart: Warum gerade ich? Wozu dies alles, was habe ich verschuldet?

Etwas anderes liegt über diesem Leben, leuchtet in den fragenden Geist hinein und löscht alles selbstzerfleischende Grübeln: Es ist das Bewußtsein von jenem Gott, der auch in den dunkelsten Stunden, da es sonst keine Antworten und Aussichten auf Erhellung mehr gibt, anwesend ist. Das Wissen um Gottes Gegenwart mindert die Last der Schmerzen nicht im geringsten — aber es macht das Unerträgliche tragbar und das Sinnloseste durchsichtig.

So nehme ich im Glauben an das Gottesgeheimnis auch in meinem Leben die Botschaft vom Kreuz Christi an, das sich nun auf meine Schultern legt. Im Geheimnis der Christusverbundenheit und der Gemeinschaft mit ihm liegt eine erschöpfende Antwort nach dem Sinn meines Leidens, die mich nicht nur weiterer end- und nutzloser Fragen entledigt, sondern mich aus der Passivität in hellste Wachheit und Mittätigkeit, in Mitvollzug mit dem, was Christus in mir vorhat, heraufhebt.

Ich sehe mich ganz persönlich mit der Wahrheit konfrontiert, daß Christi Leiden noch nicht abgeschlossen ist, daß es, wie Paulus sagt, noch einen „Mangel" aufweist, nicht in seinem wesentlichen Wert, aber in seiner Erreichbarkeit und Zuwendung an alle, die dieses Leidens hier und heute, morgen und bis zum Ende der Tage für ihr Heil bedürfen.

Ich sehe die Beanspruchung durch Christus, diesen „Mangel" aufzufüllen, mein eigenes Leiden zur Verfügung zu stellen, damit es in der Kraft der Einheit mit Christi Leiden gleiche erlösende Wirksamkeit erhalte.

Ich höre die Einladung Christi, dieses mein Kreuz auf mich zu nehmen, und hinter ihm herzugehen bis nach Kalvaria und so zur Erlösung der darniederliegenden Welt meiner Mitmenschen meinen unentbehrlichen Beitrag zu tun.

In dieser Beanspruchung zur Erlösung ist jedes Leidensproblem gelöst für den, der sich seiner Berufung stellen will. In sie mündet auch jeder übrige, gültige Sinn, den mein Leid noch haben kann: Erbauung für die anderen, Sühne für eigenes und fremdes Unrecht, die eigene Läuterung und personale Reifung.

Ich bin täglich aufgerufen, mich Christus zur Verfügung zu halten und ihm alles hinzugeben, daß er damit schalte und walte, wie er will und wo er es für notwendig erachtet. Das Wissen, von Christus beansprucht zu sein, gibt dem „tatenlosen" Daliegen eine Wirkweite der Strahlungskraft von weltweiten Ausmaßen.

Kirche und Welt brauchen dieses Leiden und warten auf meine tägliche bejahende Antwort. In Briefen und mündlichen Aufmunterungen wird mir der Sinn meiner „Untätigkeit" im Krankenstand immer wieder nahegebracht, und im Glauben läßt mich der Himmel ganz offensichtliche Zeichen seiner Antwort erkennen Und vor allem dieses:
Mitten unter gräßlichen Schmerzen und trotz der Anzeichen offensichtlichen Absterbens und Unterganges kann man aus dem Wissen, in Christi Erlösungswerk hineingenommen zu sein, Friede und Freude erleben.
Krankheit und Leid lasten nicht als Fluch über dem Leben, sondern sie erweisen sich immer mehr als Ruf zu besonderer Kreuzesnachfolge, als Berufung, als ein Dürfen, als *Gnade*. Und eines Tages ist man so weit, nichts missen zu wollen von all dem Bitteren und Gott zu danken, daß man alles durchstehen darf. Das ist nicht Romantik und Verliebtheit in den Schmerz, sondern grundlegender Sieg im Glauben, der die Welt des harten, unerbittlichen und zermürbenden Alltags eines langsamen, aber sicheren Unterganges überwinden hilft.

Das sind die äußeren Seiten des Krankheitsgeschehens. Sie stellen die eine Ansicht dessen dar, was Gott durch das Leid eines Menschen wirken kann, der sich ihm restlos zur Verfügung zu stellen bereit ist.
Aber auch die andere Kehrseite sei angedeutet. Sie betrifft das Innerste des Seelenlebens und stellt die Geschichte jener Wandlung dar, die Gott im Menschen durch das Leid auf je individuelle, unnachahmbare, aber auch unaussagbare Weise wirkt. Der Wissende fängt zu schweigen an. Nur der Rand-Mensch, der in der Untiefe der Peripherie des Lebens Schwim-

mende, der Oberflächliche, weiß viele Worte. Aber sie sagen nicht viel.

Ich bin skeptisch gegen alle, die zuviel vom Kreuz zu sagen wissen. Gewiß, es gibt solche und solche Kreuze. Es gibt die vergoldeten und mit Edelsteinen besetzten Kreuze. Aber die trägt man nur zur Schaustellung und zum Prunk. Die echten, die „naturbelassenen" Kreuze sind hart und rauh und voll Kanten und rauhen Rinden. Man kann sie nur ertragen und erleiden.

Dann aber wird man still und hält sich hin und schweigt in sich hinein, weil man eine Ahnung davon erhält, was sich in den Tiefen des eigenen Seins unter der Wirkung des Kreuzes tut.

Menschen, die am Kreuze hängen, reden nicht mehr viel — oder aber sie schreien ganz laut, ja brüllen, daß es über Stockwerke und Stadtteile hin vernehmbar ist. Nicht, um „Theater zu machen", sondern aus der Überlast von Schmerzen und Einsamkeit, welche die Schwelle des Ertragbaren überschritten haben. So wie JENER schweigsam am Kreuze hing, aber dann geschrien hat: Mein Gott, mein Gott, warum hast Du mich verlassen!

Solcher Art ist also das wirkliche Kreuz, das einem Menschen aufgebürdet ist. Darum schweigt man am besten einem Menschen gegenüber, der am Kreuze hängt und steht anteilnehmend hin wie Maria und Johannes und all die anderen, die wortlos, aber doch mittragend „bei dem Kreuze Jesu standen".

Wer in das Leid mit Christus eingeht, wer mit IHM das Kreuz besteigt, endet unweigerlich auch im Tod mit Christus. Damit ist nicht unbedingt der biologische Tod gemeint. Aber der Tod eines guten Stückes vom Alten und Bisherigen im Menschen.

Aus dem Leiden mit IHM wird man ein anderer, und man kann es niemals mehr leugnen, daß man den Leidensweg gegangen ist. Man weiß sich allen brüderlich verwandt, die fernerhin kreuzbeladen einhergehen. Man weiß Christi Erlösungswerk unter uns Menschen unterwegs.

Man weiß diese irre und wirre Welt geborgen und nicht verstoßen, weil der Segen vom Kreuz her noch immer fließt.

Und man ist vor allem glücklich, weil man sich an der Stromschnelle dieses Segens weiß.

Wenn dem so ist, so frage ich, warum sollte es sich da nicht lohnen, zu leiden und täglich zu allem „Ja" zu sagen!

DIE WELT IST SCHÖN

Kaum je zuvor ist mir die Welt so reizvoll vorgekommen wie jetzt, da ich allen Anzeichen nach im Begriff bin, mich von ihr lossagen zu müssen, und je mehr die Aussichten schwinden, sie je noch einmal ganz heil erleben und in voller Gesundheit in sie zurückkehren zu können. Dieses Erleben ihrer Schönheit — gleichsam von ihrer Rückseite her — ist sehr tiefgreifend und nachhaltig. Aber restlos erschöpfend ist das, was sie darbietet, nicht. Es läßt einen ungestillten Rest zurück, der nach Auffüllung schreit. Liegt das an den Dingen, daß sie sich nicht ganz auftun? Bin ich selbst nicht fähig, ihren Glanz zu erkennen? Oder bin ich als Mensch zu groß, als daß ich mit dieser Welt mein Genügen fände? Es wird wohl an beiden liegen!

Und doch fasziniert mich diese Welt: die Schönheit ihrer Blumen und Felder, die Pracht ihrer Auen, ihrer Seen und Gesteine, die Wucht ihrer Berge; die Errungenschaften des menschlichen Geistes, die Beglückung, die ein lieber Mensch bedeuten kann.

Die Welt ist schön — daran können Querstriche, Mißformen und Ungestalten aus Leid und Krieg nichts ändern.

Und das Leben auf dieser Welt ist schön! Denn auf der Welt zu sein, bedeutet mehr als nur dieses selbst. Es bedeutet, ein Stück von ihr zu sein und damit, über sich hinauszuweisen. Es heißt, teilhaben zu können an DEM, der diese Welt in seinen Händen hält; mitzuzehren an der Überfülle des Lebensstromes, aus welchem diese Welt ihr Dasein, ihre Schönheit und ihre Köstlichkeiten herleitet.

Diese Welt ist *Gottes Welt*. Das sagt mir die Ahnung meines denkenden Geistes; das wird mir vor allem gewiß durch das Licht des Glaubens, in dem mir die Welt um mich herum und mein eigenes Dasein in neuem Glanz erstrahlen. In diesem Licht muß ich auch immer wieder jenen Kommentar lesen und zur Kenntnis nehmen, den Gott selbst von seiner Schöpfung gegeben hat.

Sie ist aus seiner Hand hervorgegangen, sagt mir Gott. Und es gibt nichts auf ihr, das nicht die Fingerabdrücke seiner gestaltenden Hände aufweise. Und gut ist sie, sagt Gott, sogar sehr gut.

Und Schätze birgt sie, die der Mensch zu bergen berufen ist.

Als Ganzes ist sie für den Menschen da. Sie soll ihm dienen und behilflich sein, einen Auftrag auszuführen, der ihm tief in sein Wesen geschrieben ist. Und Gott ist bei seiner Schöpfung. Sie ist nicht hinausgeworfen in ihr eigenes, unbestimmtes und zielloses Dasein. Gott ist bei ihr, ist in ihr mit seiner Überfülle von Leben und Fürsorge.

Er leitet den Gang der Gestirne, ist in den Gesetzen von Regen und Wind, von Aufblühen und Untergehen. Er lenkt den Flug des Vogels zu seinem Ziel und wacht über dem Willen des Menschen, daß er das Gute erkenne und zu seinem Heil frei vollführe.

Er gibt allem Ziel und Erfüllung und lädt alles Sein zur Teilnahme an seiner eigenen Vollkommenheit und Herrlichkeit.

Er ist vor allem beim Menschen, den er mit zärtlicher Liebe umgibt und seinem Ziel entgegenführt, das in der Teilnahme an SEINEM eigenen Leben in unverlierbarem Glück besteht.

Das alles verkündet mir Gott selber in den ewig gültigen Bildern des biblischen Schöpfungsberichts. So klingt es auch aus den Jubelrufen der Psalmen des Alten Testamentes.

In neuer Schönheit erstrahlen mir Welt und Schöpfung, wenn ich sie von *Christus* her betrachten lerne. Christus ist ein Stück dieser Welt geworden, hat diese Welt in sich aufgenommen, mit seiner Gottheit geheiligt und für das Heil, das in IHM angebrochen ist, aufgeschlossen.

Wir hören aus der Schrift, daß Christus als Mensch und die Schöpfung nach dem ewigen Plan des Vaters in einer geheimnisvollen Relation stehen. Christus ist Urbild, nach dem die Welt gestaltet ist. Er ist Zielpunkt der Welt. „Er ist das Ebenbild des unsichtbaren Gottes, der Erstgeborene vor aller Schöpfung. In ihm ist alles erschaffen, im Himmel und auf Erden: Sichtbares und Unsichtbares, Throne, Herrschaften, Fürstentümer und Mächte. Alles ist durch ihn und für ihn erschaffen. Er steht an der Spitze des Alls, und das All hat in ihm seinen Bestand" (Kol 1, 15—17). Christus, Mensch geworden, steht darum in „seinem Eigentum" (Jo 1, 11). Aus seiner Lebensfülle existiert das All in übervoller Gnade (Jo 1, 16).

Christus ist also Gottes unwiderrufliches „Ja" zu dieser seiner Schöpfung. In Christus wiederum sagt diese Schöpfung ihr eigenes, vor Gott vollgültiges Ja zu Gott: das Ja des Dankes, der Anerkennung und vor allem der Anbetung dafür, daß es sein kann und nicht nichtexistiert.

In Christus ist Gott in diese Welt eingegangen, in ihre Geschichte, in ihr Schicksal. In ihm ist die Welt aufs neue in Gott hineingenommen. Der Mensch ist der göttlichen Natur teilhaftig gemacht (vgl. Kol 2, 10; 2 Pe 1, 4). Und im begnadeten, von Christus ergriffenen Menschen ist auch die gesamte untermenschliche Kreatur Gott nahegebracht und an einem Zielpunkt ihres Daseins angelangt (vgl. Röm. 8, 18—23).

In Christus geht diese Welt schließlich ihrer Vollendung entgegen. Alle Antriebskräfte für das Heranreifen zur vollen Herrlichkeit sind der Welt und der Menschheit bereits gegeben und unter uns wirksam.

Das alles bedeutet unsägliche FREUDE, die Freude, da zu sein und auf den großen Tag zugehen zu können, da Gottes Lob aus der in Christus vollendeten Schöpfung ungetrübt und unaufhörlich aufklingen kann. In dieser Freude schwingt die Gewißheit mit, endgültig bleiben zu können und niemals aus dem Dasein zu fallen; aufgefangen zu sein und geborgen zu bleiben in der Hand eines Übermächtigen, der seinen Arm nicht zurückzieht, eines Übergüten, der sich in Liebe selbst schenkt.

Nochmals und ahnungsvoll zieht dies alles durch meine Seele an einem Abend, da ich als Todeskandidat in der Sterbeecke des großen Saales liege. Ein Lichtbildvortrag wird uns gehalten. Bilder einer der schönsten Stellen unserer Heimat sagen uns noch einmal, wie schön diese Welt Gottes ist und wie herrlich es sein muß, in ihr gesund leben zu dürfen. Die Musik, die dazu erklingt, sagt es, und auf den Gesichtern der Menschen liest man es: Gottes Welt ist herrlich!

Der Vortrag ist vorüber. Man wollte uns Freude bereiten — mit nichts anderem, als mit dem Anblick dieser unserer schönen Welt.

Dann aber geschieht etwas, das dieses Bild von der schönen, harmonischen, zu Freude und Glück anfeuernden Welt verunstalten möchte.

Wenige Minuten nach dem Vortrag stirbt in einem Bett unweit von mir ein Mann.

Ein Mensch muß sterben. Viele Menschen müssen es. Wir alle müssen sterben und diese Welt verlassen. Müssen wir das, obwohl oder gar *weil* die Welt so schön und es wunderbar ist, zu leben?

Weil diese Welt schön ist, gibt es etwas Schöneres. Weil dieses Leben herrlich ist, ist es nach oben hin offen und bereit, aufgebrochen zu werden zu größerer Intensität und Vollkommenheit. Und das geschieht im Tod. Der Tod ist das deutlichste Siegel auf die Freude am Leben, auf die Liebe zur Welt und zu ihren Schönheiten.

Die Welt, die über sich hinausweist, wird im Tod (= im Sterben) gerade des von Christus ergriffenen Menschen in ihr eigentliches Leben und in ihre eigene Vollendung hineingestellt. Das sehen wir bei Christus ganz deutlich. Niemand hat die Welt geliebt wie ER. Darum hat auch niemand an ihr so gelitten wie er. Und deshalb konnte er nur durch seinen Tod der Liebe ihre Freude, ihre Schönheit und ihre Vollendung auf ewig besiegeln und zur Unwiderruflichkeit hin erlösen. Denn nur im Einsatz für die Welt Gottes, in der Hingabe des Besten, das ein Mensch besitzt — des Lebens —, vollendet sich die rechte Freude am Leben und die Liebe zur Welt.

Diese Welt, so sagten wir, ist Christi. Weltbejahung und Weltfreude in der Gebärde des letzten Einsatzes für die Welt treiben den Lauf der Schöpfung voran zum Punkt ihrer Vollendung in Christus. Wo immer darum ein Mensch in Christus stirbt, sich hingibt bis zum letzten Einsatz, wie Christus sich eingesetzt hat, ist dieser Tod Sieg und Erlösung, wie Christi Tod Sieg war, und die Welt erstrahlt von Mal zu Mal mehr in erlöstem Glanz. Es ist der Glanz der Auferstehung Jesu, welche im Tode seiner Getreuen schon anwesend und voll am Werke ist.

Das Leben ist schön, und ich lebe es sehr gerne. Die Schöpfung braucht mich, und ich glaube, es gibt täglich unendlich viel zu tun in ihr. Aber es gibt Schöneres, das auf mich wartet und das nur zukommt auf mich, wenn ich erst einmal sterbe. Und darum sterbe ich lieber als ich lebe, weil ich sterbend mehr leiste, wenn ich aus Liebe und Freude an der Welt sterbe. Dieses Sterben ist kein punkthaftes Ereignis, sondern im Leben selbst schon enthalten. Und die „Auflösung" — Gott allein weiß, wann sie für mich kommen wird — ist nur Schlußakkord und Besiegelung dieses langen, täglichen Sterbens, das Lösung von der Welt und gerade dadurch Erlösung derselben ist.

Die Welt und das Leben in ihr sind schön, weil die Herrlichkeit Gottes an ihnen ablesbar ist. Solange ich lebe und auf der Welt weile, soll ich sie in Freude und Dankbarkeit gebrauchen. Dann diene ich zu ihrer inneren Sinnerfüllung. Aber indem ich sie wiederum gebrauche, vertieft sich meine eigene Distanz zu ihr. Diese Paradoxie liegt in der Natur der Dinge selber. Sie sind endlich, über sich hinausweisend. Wären sie das nicht, müßte ich, sie gebrauchend, an ihnen haften bleiben, von ihrer Schönheit für immer trunken werden und mich mit ihnen begnügen können. So aber treiben sie mich von sich fort und sagen mir, gerade indem sie mir ihr Innerstes freigeben, daß sie noch nicht das Letzte sind, das meiner wartet, und darum müßte ich sie gebrauchen, als gebrauchte ich sie nicht.

Solcher Art ist also die Welt und ihre Schönheit. In all ihrer Pracht, so sagt sie mir, sei sie nur Schimmer größerer und herrlicherer Wirklichkeiten, die unter uns schon wirksam sind.

Darum liebe ich die Welt um so mehr — den Thron SEINER Herrlichkeit.

DES ANDEREN LAST

Wer lange Zeit an das Krankenlager gefesselt ist, übt im Laufe der Zeit eine eigenartige Wirkung auf seine Umgebung aus, ohne daß er diese Wirkung bewußt anstreben würde. Er wird irgendwie zum Zufluchtsort für jene, die gleich ihm ein Kreuz tragen. So muß ich im Laufe der Monate feststellen, daß Menschen an mein Krankenbett kommen und mit mir sprechen, die ein weit größeres Leid als ich zu tragen haben. Die anfangs oft ganz belanglosen, ungezielten und „unbeabsichtigten" Gespräche werden immer deutlicher zu einem „Ausschütten" des Herzens, zu einem Abladen der Last. An manche „Nikodemusstunde" erinnere ich mich, die sich in meinem Zimmer zugetragen hat.

Warum kommt man gerade zu mir? Und jetzt zu mir? Ich glaube, daß in der Nähe eines Leidenden, ohne daß er das beabsichtigt, etwas von jener Urerfahrung erahnbar ist, die eine tiefe Einsicht in die Zusammenhänge des Lebens bietet. Der Leidende lebt an den äußersten Grenzen des Seins und dessen Möglichkeiten, ja er reicht hinab bis zu den letzten Wurzeln seiner Existenz, die schon direkt in den Urgrund und Ursprung des Lebens selbst münden. Der Leidende reicht erschreckend nahe an *Gott* heran.

Diese Nähe zum Absoluten läßt sonst unerfahrbare Einsichten in die Zusammenhänge des Lebens gewinnen, die mit den gängigen Maßstäben nicht mehr meßbar sind, weil sie nur gewonnen werden können durch das Hinaustreten an die äußersten Ränder des eigenen Lebens.

Diese Nähe des Leidenden zum Absoluten, zum Göttlichen hin, hat die Gesunden durch lange Strecken der

Menschheitsentwicklung erschreckt, und die Menschen haben die Leidenden „ausgesetzt", von der Gemeinschaft der Gesunden abgesondert, sie haben sie gefürchtet, gemieden, mit Scheu und religiöser Ehrfurcht von sich gehalten. Sie haben diese Nähe des Absoluten gespürt, in die sie eintreten, wenn sie sich dem Kranken nahen.

Die „Aussetzung" des Leidenden ist der eine Pol der Spannung, in der der Gesunde dem Kranken gegenübersteht. Ihr Gegenpol heißt „Anziehung", Hinstreben zur Nähe des Kranken. Wer dem Leidenden nahekommt, gelangt gleichzeitig in die Nähe des beim Kranken anwesenden Endgültigen, des Wertgeladenen, des Bleibenden und Bedeutenden. Er weiß sich vor allem behütet und geborgen, er weiß seine Last gut hinterlegt. Und wenn er sie — weggehend — noch einmal aufladen muß, dann hat er das Gefühl der größeren Stärke, des abgesteckten (nicht endlosen!) Weges, er hat die Gewißheit eines Zieles.

Solcher Art sind die Ausstrahlungen, die von einem Krankenbett ausgehen. Was sie bewirken, findet im Munde dessen, der heranpilgert, die verschiedensten Formulierungen. „Bei ihm (dem Leidenden) fühlt man sich verstanden." „Man wird angespornt, nicht zu verzagen." „Man trägt lieber und freudiger, wenn man ihn gesehen hat." Und wie immer sonst solche Reaktionen ausfallen mögen, stets deuten sie auf das Unsagbare und doch Erahnte hin, auf die Nähe und Anwesenheit des Eigentlichen.

Dem, der die Auskunft des Gotteswortes zur Richtschnur seines Lebens macht, geht das Auge vollends auf, wenn er von jener Gleichsetzung Christi mit den Leidenden hört. „Ich war krank, und ihr habt *mich* besucht" — und er wird des Geheimnisses inne, daß in

jedem Leidenden Gottes und Christi Werk weiterlebt und Gott ganz nahe, ja präsent ist.
Und der Kranke selbst wird bei all dem zu einem Instrument des Heils für alle jene, die zu ihm kommen. Wenn er sich noch dazu bewußt unter den Anruf der Stunde stellt, wenn er sein Leiden zur Quelle der Gnade macht, dann geht von seinem Krankenlager ein Strom des Segens aus, der oft mit Händen zu greifen ist. Christi innerstes Gesetz des Geistes ist es, daß einer des anderen Last tragen soll.

„Des Anderen Last" gehört von Tag zu Tag mehr zu meinem Marschgepäck. Die anderen, die mehr zu tragen haben als ich, sind täglich bei mir und laden ab und warten darauf, erleichtert fortgehen zu können. Ihre Zahl ist groß, und ihre Namen kenne ich nicht. Es ist auch nicht nötig. Es genügt, zu wissen, daß sie mir anvertraut sind, daß ich sie mitzutragen habe, weil ich nur so dem innersten Anruf Christi gerecht bleibe.

„Des Anderen Last" blickt mich an in verschiedensten Gestalten: in den ratlosen, gequälten Augen der Mutter, die Ausweg und Auskunft sucht;
in der Nervosität und Aufgeregtheit der Diensttuenden, die nach dem Verlassen ihrer Station zu einem schweren Alltag bei den Ihrigen zu Hause zurückkehren;
in den Schreien aus dem Nebenzimmer;
in den weinenden Blicken der Gequälten, Betrogenen, Vertrösteten, Belogenen, denen nicht gesagt wird, wie es um sie steht;
in den Barschheiten und Herzlosigkeiten, die ich in der Nähe meines Krankenbettes bei vielen feststelle;
in den Tränen derer, die jahrelang umsonst für Liebe, Güte und Verständnis kämpfen;

im Weinen der Zurückgestellten, der Verstoßenen, der Ungetrösteten ...

Des „Anderen Last" starrt mich aus tausend Gesichtern an und schreit danach, mitgetragen zu werden.

Warum muß ich sie auch sehen und hören? Warum kann ich nicht den Kopf einziehen und weitergehen? Es geht nicht mehr! Vielleicht war das früher einmal möglich. Heute schreit alle Not, die ich sehe, nach Erlösung, alle Last nach Befreiung. Ich sehe diese Not, nehme sie auf mich, lege sie zu der meinen dazu und mache sie zu meiner eigenen.

Denn das Leid der anderen will überwunden werden, aber nur, indem irgend jemand es auf sich nimmt und durchträgt. Die Last will oft fast zu schwer werden. Ich habe das Bild einer Negerin vor mir, die einen übergroßen Lastkorb trägt. Unter dem Bild aber steht der Text: „Laßt uns beten nicht um leichtere Bürden, sondern um breitere Schultern!" Die Last kann nie zu schwer sein, wenn nur stets mein Rücken breit genug ist. So hebe ich an und erkenne den Anruf, der mir zukommt aus täglich vielen hilflosen Blicken.

Ich mache die Erfahrung, daß, je mehr ich des „Anderen Last" übernehme, ich die eigene Last um so mehr vergessen kann. Und ich stelle immer wieder fest, daß **die anderen schwerere Lasten zu tragen haben, über weniger Hilfen verfügen, einsamer sind und ungetrösteter durch den schweren Alltag gehen müssen als** ich. Ich erlebe, daß ich selbst froh, heiter und ausgeglichener werde, je mehr ich das Gemüt der anderen von Qualen ent-laste.

Ich muß auch entdecken, daß wir als Christen mit unserer „Trübsal" trösten können, weil es für uns keine „Trauer zum Tode" gibt und auch keine Hoffnungslosigkeit, sondern weil alle Trauer schon gebrochen,

alles Leid schon einmal durchstanden und alle Lasten der Menschen schon einmal von EINEM getragen wurden und dadurch für alle Zeit tragbar geworden sind. So zeigt sich mir, daß „des Anderen Last" eigentlich die Last jenes EINEN und ERSTEN ist, die er uns als einen Teil SEINES KREUZES, SEINER Last auf die Schultern legt.
Unter dieser Bürde verschwinden die Grenzen eigenen und fremden Leides, weil sie alle zusammen den fortdauernden Tod des Herrn, das fortwirkende Heil, aber auch die stets neu aufbrechende Herrlichkeit Jesu darstellen. Unser aller Last trägt ein anderer als die seine; er ist der Erste, der Vor-Träger — wir brauchen nur hinterherzugehen und am letzten Ende des Kreuzes mitanzuheben.
Des „Anderen Last" ist SEINE Last.

IN DIESER SCHWEREN STUNDE DER KIRCHE

Während der ersten Wochen meiner Krankheit wird das päpstliche Weltrundschreiben „Humanae vitae" veröffentlicht. Ich vernehme noch die ersten Stellungnahmen, aus denen strikte Ablehnung, Zweifel, Unruhe, Unsicherheit, ein wenig Zustimmung und auch persönliche Verunglimpfung des Papstes und offene Aufkündigung des Gehorsams sprechen. Dann entschwinden die Geschehnisse in Kirche und Welt dem bewußten Mitvollzug des Geistes, und ich „versinke" in die kleine Welt der vier Wände meines Krankenzimmers, in der ich hermetisch abgeschlossen bleibe von jeder außerpersönlichen Problematik. Die Ereignisse an meiner eigenen Existenz überstürzen sich von Tag zu Tag mehr und absorbieren jeden letzten Funken geistiger Wachheit.

Als ich nach Monaten wieder „aufwache" und langsam tastend zur Außenwelt wieder Anschluß erhalte, wird mir als erstes klar, daß ich ein Stück Welt- und Kirchengeschichte nachzuholen habe.

Das Kapitel „Pillenenzyklika" kommt mir dabei innerhalb des Geistig-Religiösen wie ein „Fanal zum Aufbruch" vor.

Was zuvor an Modernem und Revolutionärem in Theologie und Kirche als vorhanden gewußt war, geht nunmehr erhobenen Hauptes einher, hat den bislang ominösen Status eines Untergrunddaseins verlassen und beansprucht offene und selbstverständliche Hoffähigkeit. Die Kirche sieht sich heute in einer Krisis wie nie zuvor. Der „Aufstand gegen den Vater" (Ferd. Holböck) auf disziplinärem Gebiet, eine sogenannte „Neue Theologie", in der fundamentalste

Wahrheiten des Christentums mit einem einzigen Handstreich vom Tisch gewischt werden, ein „Neo-Modernismus", demgegenüber sich der Modernismus unter Pius X. „wie ein mäßiger Heuschnupfen" (Jacques Maritain) ausgenommen hat, kennzeichnen die Situation der Kirche auf doktrinärem Gebiet. Herbert Madinger hat in seinen Informationsmappen „Neue Theologie" und „Ein pantheistisches Christentum?" die aus vielen heutigen Quellen fließenden Einzelströme moderner Ideen zu einem Bild komponiert, das sowohl in seinen Einzelzügen wie auch in seiner Gesamtaussage erschütternd ist.

Was wird aus uns angesichts dieser heranrollenden Lawine, die in tragischer Weise selbst von Männern der Kirche in Bewegung gehalten wird? Wer hält sie auf, lenkt sie in gemäßigte Bahnen?

Die Stimme des „Vaters", die sich unaufhörlich erhebt, wird niedergeschrien. Das „Jahr des Glaubens", das der Papst ausrief, verging ohne spürbare Eindrücke, und sein „Credo des Gottesvolkes" verhallte wie beinahe jeder seiner Aufrufe an Kirche und Welt. Nur zögernd und oft nur einzeln sekundieren der Stimme des Papstes die Bischöfe. Unter den Priestern, und erst recht unter den Gläubigen, herrschen mehr Verwirrung und Ratlosigkeit als Einheit und Festigkeit.

Gott! Das ist eine Prüfung für die Kirche, mit der verglichen alle anderen bisherigen Prüfungen im Laufe der Geschichte zusammengenommen nur geringe Detonationen sind.

Der Glaube des einzelnen, des Gutwilligen, wird heute auf eine kaum mehr tragbare Belastungsprobe gestellt. So dunkel jedoch der Blick in die Zukunft von der menschlichen Warte aus sein mag, einige — sehr wesentliche! — Lichtpunkte sind doch da, und die lassen den Menschen weiterhin aufrecht stehen.

Da ist zunächst die Gewißheit im Glauben, daß *Gott bei seiner Kirche bleiben wird bis* zum Ende der Tage, und daß auch die heutigen Stürme diese Kirche nicht überwältigen werden. Diese Gewißheit ist ein letzter Anker. Aber sich an ihm festzuhalten, ist heute einer der schmerzhaftesten Prozesse im geistig-religiösen Leben, weil diese Gewißheit täglich so vielfach erschüttert und ins Wanken gebracht wird durch äußere Erscheinungen, die das Wort von der Anwesenheit Gottes in seiner Kirche Lügen strafen möchten.

Der zweite Lichtpunkt ist eine nicht bloß mehr im Geiste geglaubte, sondern *im Leben verwirklichte Gewißheit von Gottes Anwesenheit.* Der Lawine kann nicht mehr mit Gegenparolen, mit abstrakten Gegenargumenten begegnet werden, sondern mit dem Zeugnis eines durch und durch vom Evangelium her radikal gelebten christlichen Daseins. „Wir brauchen heute Heilige, Menschen, die ihren Glauben ernst nehmen. Nur solche Menschen werden heute noch die Autorität besitzen, der vollen Wahrheit auch dann zum Durchbruch zu verhelfen, wenn sie ‚Torheit des Kreuzes' ist, ‚Ärgernis' für die Heiden und ein ‚Geheimnis des Glaubens', vor dem man sich in Ehrfurcht beugen muß" (Herbert Madinger, T 1/2).

Heilige sind heute nötiger denn je! „Nicht Theologen, sondern eindeutig Heilige. Nicht bloß Erlässe, sondern Gestalten, an denen man sich wie an Leuchttürmen orientieren kann. Es ist nicht wahr, daß wir nichts dazutun können, um Heilige zu bekommen; wir müßten versuchen, so etwas zu werden" (H. U. von Balthasar). Madinger sagt unübertrefflich: „Angesichts der Dynamik der modernen Theologie würden bloße Erlässe wie ein alter Holzzaun von den Fluten der modernen Gedanken weggespült werden. Nur Menschen, die wirklich mit Christus innig verbunden leben, werden in diesen stürmischen Zeiten der Christenheit zwischen Licht und Finsternis unterscheiden können. Nur solche heiligmäßige Menschen werden auch all das strahlende Licht, das die moderne Theologie zu bieten hat, in ihr eigenes Leben voll aufnehmen können, so daß Altes und Neues zu einer lebendigen Einheit verschmilzt. Nur solche Menschen werden daher das reichere Christentum mit voller Überzeugungskraft und -macht verkünden und ausstrahlen können. Nur Menschen von der Größenordnung eines Heiligen werden die Autorität und Glaubwürdigkeit besitzen, daß alle dem Dunklen, das sich unter dem Gefolge der modernen Theologie gemischt hat, Einhalt gebieten. Nur solchen Leuchttürmen des Glaubens wird man vertrauen, wenn sie vieles als Spreu bezeichnen, als Irrtum oder Verbiegung dessen, was Christus gesagt hat. Nur diese starken religiösen Persönlichkeiten werden aus dieser ‚Stunde der Finsternis' ins volle Licht hinausführen können." (Madinger, T 5/2.)

Hier bleibt gerechterweise nur noch zu konstatieren, daß die Heiligen, die wir brauchen, auch schon unter uns sind. Man muß nur Augen haben und den rechten Spürsinn, ihre Anwesenheit zu bemerken. Ihre Wirkung ist anders als die der lautstarken Marktschreier gewagter Modernismen.

Das Evangelium wird um uns herum gelebt! Die Finsternis ist am Werk, aber auch das Licht leuchtet. Es ist oft mit Händen zu greifen, daß uns Gott noch immer seine Heiligen schenkt, *die* Heiligen, die unsere Zeit braucht. Gewiß tragen sie andere Gewänder und geben sich anders, als wir das zu erwarten gewöhnt sind. Sie sind aber wirklicher Sauerteig, und was sie in Stille und Unscheinbarkeit tun, hat seine Wirkung für Kirche und Menschheit. Gott läßt mit sich für Tausende andere in einer Stadt reden, weil es in ihr noch fünf Gerechte gibt. Sie machen wett, sie tragen ab, was anklagend zum Himmel schreit.

Ein dritter Lichtpunkt, der einen Weg aus der Krisis dieser Zeit weist, ist das *Leiden*. Man muß die Krisis unserer Tage so nahe an sich heranlassen, daß man von ihr nahezu erdrückt wird. Man muß sie durchleiden, wenn man sie überwinden will. Christus hat durch seinen Tod die Welt erlöst. Und wo immer weiterhin Erlösung geschieht, kommt sie aus Leid und Tod. Alles Leid von Christen ist in das Leiden Christi eingefangen und hält das Gleichgewicht der Welt.

In jedem Schmerz des Mitleidens mit Gott und dem Göttlichen steckt eigentlich immer der vorausliegende Schmerz Gottes um den Menschen. Ein Text kommt mir in den Sinn, der in unseren stürmischen Tagen seine Gültigkeit hat, da so viele Gutgewillte machtlos zusehen müssen, was sich an Unerfreulichem in Welt und Christenheit alles tut. „Der Schmerz um Gott, um das Göttliche ... ist Schmerz vom Schmerz des Vaters im Himmel, der seinen Sohn leiden und bluten sieht — und schweigt ... Wir sind zumeist ohnmächtig und können nichts tun, um dem Guten zum Sieg zu verhelfen. Eines können wir: *leiden*. Gott braucht nicht unseren Arm, unsere Tat: Er braucht unseren Schmerz um das verstoßene Göttliche. Dieser Schmerz adelt uns selbst und ist der Welt ein stiller Segen." (Benedikt Baur.)

Der „Schmerz um Gott" in unserer Zeit ist gewiß in erster Linie in einem inneren Mitgehen und Mitempfinden mit Gott gelegen. Und doch liegt nichts näher, als auch den leiblichen Schmerz, die Krankheit, als Anruf aufzunehmen, der Sache Gottes in unseren Tagen zum Sieg zu verhelfen. Wo immer ein Mensch sein Dasein in Leid, in Not und Kummer Gott anbietet, ist es in Gottes Hand Gegenwert und Gegengewicht gegen die Kräfte des Destruktiven, Auseinanderreißenden, Teuflischen, gegen die massiven Ungeheuerlichkeiten, die zum Himmel schreien.
Verlust und Verleugnung des Glaubens — eigentlichste Ursache aller Neo-Modernismen — kann man nur wettmachen durch treues Stehen zu Gott in einem tiefen und unerschütterlichen Glauben; Flucht vor dem Kreuz wird nur gutgemacht und aufgewogen durch bereitwilliges und freudiges Hintreten unter das Kreuz.

Und so muß ich in jeder neu eintretenden „Hiobsbotschaft", die von Abfall, Aufruhr und Ungehorsam und von Verwerfung fundamentaler Glaubenswahrheiten berichtet, eine immer neue Einladung erkennen, mein Kranksein Gott zur Verfügung zu stellen — mich mit den vielen zu vereinen, die sich täglich Gott hinhalten und gutmachen wollen, was Gott heute angetan wird.
Ich muß die Krisis in mich einlassen und sie überwinden helfen. Ich darf das Kreuz nicht scheuen, das schmerzt. Gott braucht diesen Schmerz.
Nur das Kreuz kann uns retten! — Auch heute!

DER PRIESTER MUSS OPFERN

So stand es im alten, und so steht es auch im erneuerten Ritus der Priesterweihe: „Sacerdotem oportet offere" — der Priester muß opfern.

Der Opferdienst des Priesters am Altar des Neuen Bundes gehört zu dessen unwandelbaren und überzeitlichen Aufgaben. Opfer zu sein, bedeutet zunächst die Beauftragung zu einer Funktion, zu einem Dienst für die Menschen und für Gott. In diesem Sinne sagt der Hebräerbrief unübertrefflich: „Jeder Hohepriester wird aus den Menschen genommen und für die Menschen in ihren Angelegenheiten bei Gott bestellt. Er soll Gaben und Opfer für die Sünden darbringen." (Hebr. 5, 1 f.)

Das Opfer zu feiern, bedeutet aber für den Priester über den Dienstcharakter hinaus auch noch einen Seinscharakter. Es stellt nicht nur „Funktion", sondern auch „Sein" dar — Opfer-Sein. Das Dasein des Priesters als Priester ist ein Sein im Opfer, aus dem Opfer und für das Opfer. Der Priester ist nicht nur Darbringer des Opfers, sondern selbst auch Opfer. Alles, was er nach seiner Weihe tut oder ist, bedeutet insgesamt Opfergabe für Gott.

Seinen dichtesten und höchsten Ausdruck findet dieses Opfersein des Priesters in der Feier der Eucharistie, da er Christus repräsentiert, der Gabe der Menschheit an den Vater und Darbringer zugleich ist. Auf dieses Opfer der Eucharistie ist das priesterliche Leben in allen seinen Einzelphasen hingerichtet, von ihm her erhält es auch Sinn und Fruchtbarkeit. Ohne dieses Opfer Christi ist das Priesterdasein unverständlich und auch unvollziehbar.

Zwei Momente, die der Mensch mit dem Begriff des Opfers in Verbindung bringt, verdienen in diesem Zusammenhang Erwähnung.

Unter Opfer ist in einem ersten, unreflektierten Ur-Empfinden zunächst eine äußere, sichtbare *Gabe*, eine von den besten Gaben, verstanden, die der Mensch stellvertretend für das — eigentlich hinzuopfernde — Ganze des Lebens Gott übergibt, um ihm damit die schuldige Aufwartung der Anerkennung, des Lobes, des Dankes, der Wiedergutmachung zu machen und der Zusicherung weiteren Wohlwollens seitens Gottes gewiß zu werden.

Wenn also der Priester nach Christi Willen nicht unbeteiligter Funktionär sein soll, sondern vor allem Opfer ist, dann ist er in erster Linie eben diese, aus den Menschen ausgewählte Gabe, die stellvertretend für das ganze Volk Gottes hinzugeben ist.

In ihm als ihrem Stellvertreter ist die ganze Kirche vor Gott anwesend mit ihrer Anbetung, ihrem Dank, ihrer Sühne und Bitte. Opfer zu sein, ist die erste Daseinspflicht des Priesters, aber auch seine Daseinsberechtigung innerhalb der Kirche und der Menschheit. Alles übrige, das der Priester sonst noch tun und sein mag, ist zweitrangiger Natur.

Opfergabe zu sein, das resultiert einfach aus der Teilnahme am Priestertum Christi und enthält von vorneherein schon einen Imperativ, einen Anruf an die Person des Priesters, dem er sich nicht entziehen kann.

Das zweite, das der Mensch mit dem Begriff des Opfers verbindet, ist die beste, stellvertretende Gabe, die in einem *äußeren Akt auch hingegeben* — dargebracht — werden muß, damit sie Opfergabe sei. Dabei ist erwartet, daß die Gabe für Gott, zum sinnbildlichen Ausdruck der Ganzhingabe an ihn, in ihrem Sein umgewandelt, aufgelöst, ja zerstört werde. Im Laufe der Menschheitsgeschichte wurden Menschen und Tiere hingeschlachtet, Früchte des Feldes wurden verbrannt — ausgeschüttet — und *Christus* selbst hat opfernd das Leben gelassen.

Jedem Priesterleben, das Opfergabe ist, muß dauernd von jenem Hingegebenwerden, von der Auflösung, ja von der Preisgabe des Lebens etwas anhaften, damit es seiner ureigenen Berufung entspreche und vor Gott und Menschen glaubwürdig bleibe.

Das priesterliche Dasein ist eine Existenz aus dem Kreuzesopfer, es läuft ab unter dem Schatten des Kreuzes. Das gläubige Volk, das sich in seinen Priestern Gott hingegeben weiß, erwartet — und es darf das auch —, daß im Leben des Priesters alles und jedes unter das Kreuz gestellt sei. „Durch euren Dienst", sagt der weihende Bischof zu den Weihekandidaten, „wird das geistliche Opfer der Gläubigen vollendet in Einheit mit dem Opfer Christi, das durch eure Hände bei der heiligen Eucharistie unblutig dargebracht wird. Erkennt also, was ihr tut, ahmt nach, was ihr vollzieht; wenn ihr das Geheimnis des Todes und der Auferstehung begeht, müht euch, alles Böse zu überwinden und in einem neuen Leben zu wandeln." In der erneuerten Weiheliturgie werden die Kandidaten unmittelbar vor der Handauflegung des Bischofs, in der die Weihegewalt mitgeteilt wird, eigens auf diese ihre wesentlichste Aufgabe, Opfergabe für Gott zu sein mit allem, was das künftige Leben ausmachen wird, in einer ausdrücklichen Frage festgelegt: „Seid ihr bereit, euch mit Christus, unserem Hohenpriester, täglich enger zu verbinden als Opfergabe zur Ehre Gottes und zum Heil der Seelen?"

Der priesterlichen Existenz eignet also das immerwährende Hingeopfertwerden. Opfergabe für Gott zu sein, nimmt täglich tausend Formen an, weil es eine radikale, bis in die Wurzeln des Seins hinabreichende Übergabe an Gott verlangt, die alle Lebensvollzüge umschließen muß.

Es geht dabei in erster Linie und grundlegend um eine geistige Ausrichtung, um eine Einstellung der inneren Person, die dann auch alle äußeren Lebensvollzüge umgreift und unter den Opfergedanken stellt. Es ist nicht schwer — und gerade einfache Menschen im Christenvolk haben einen wachen Sinn dafür —, jene Priester sehr bald herauszukennen, die diese Opfergesinnung nicht haben. Ein Priester aber, der nicht mehr Opfergabe sein möchte, wird zu einer Karikatur, zu einer Farce. Wenn es in einem Priesterleben so etwas wie Katastrophen gibt, dann bestehen sie anfänglich immer darin, daß der Priester nicht mehr Opfernder *und* Opfer sein möchte. Alles übrige, was in seinem Leben sonst katastrophal sein mag, resultiert — allerdings nicht zufällig, sondern zwangsläufig — aus dieser Erstkatastrophe.

Opfergabe zu sein, beinhaltet aber auch die *äußere Nähe* zum *Kreuze Christi*. Sie prägt in einem Priesterleben den echt priesterlichen Charakter seines Daseins am auffälligsten! Alle Leiden, Gebrechen, Krankheiten und Schmerzen, welcher Art auch immer, alle Ölberg- und Golgothastunden tragen den Stempel echter priesterlicher Berufung und Daseinsweise. Wenn ein Priester sein Priestersein von Grund auf überdenkt, wird er in ihnen keine unvorhergesehenen Überraschungen sehen. Er wird vielmehr erkennen, daß sie in jenem anfänglichen „Adsum" — Ich bin bereit — vor seiner Priesterweihe bereits mitenthalten sind, und daß nun

Gott auch tatsächlich kommt, das Versprechen einzulösen und aus dem Ja-Wort der Bereitschaft den Erlös einzusammeln.

Es ist mir von Anfang an klar, was mein Kranksein innerhalb meines priesterlichen Lebens zu bedeuten hat: daß es keine Panne und keine Unterbrechung von priesterlichem Sein und Wirken darstellt, sondern qualifizierter Ausdruck dessen ist, was mein Dasein als Priester eigentlich immer sein müßte: Leben als „Opfer" in denkbar nächster Nähe zum Kreuz Christi. Wenn man sich nun in dieser Nähe des Kreuzes weiß, nicht aus blindem Zufall dorthin verschlagen, sondern aus Gnade und Erbarmen dorthin gerufen, dann erscheinen einem all die Dinge, die sich heute in der Kirche und besonders innerhalb der Priesterschaft tun, in einem ganz anderen Lichte.

Es gibt Erkenntnisse und Einsichten, die kann man eben nur aus der erlebten und erlittenen Nähe zum Kreuz gewinnen. Sie sind allerdings um so schmerzhafter, je einsamer sie durchlitten werden und je hilfloser man sich in den ersten Momenten vorkommt, aktuell eingreifen und helfen zu können. Hier muß man, um nicht an dem zu zerbrechen, was man von außen her täglich erfährt und aus der eigenen inneren Erfahrung weiß, wirklich von dem Sinn des Opfers, der Leiden, der hilflosen Untätigkeit, kurz: von der „Torheit des Kreuzes" überzeugt werden.

Eines Tages bringt ein Freund, ein Laie, drei junge Priester zu mir. Es ist in den Tagen meiner größten Schwäche und der stärksten Schmerzen, die ich je durchstanden habe. Welchen Zweck der Besuch erfüllt und welche Rolle ich spielen soll, erfahre ich erst viel später. Einer der drei ist am „Wanken", kann sich

Christus nicht restlos übergeben, will nicht „Opfer" sein. So bringt man ihn einfach zu mir. Der Besuch dauert nicht lange, und geredet wird kaum etwas dabei. Sie schauen mich mit großen Augen an. Ich blicke müde und abgespannt zurück. Was in Tagen harten Ringens, so höre ich später, in den Exerzitien, nicht geschehen ist, wird nun Wirklichkeit. Die wenigen Minuten haben genügt, ihm seine Aufgabe als Priester, Opfer zu sein und unter dem Kreuz Christi zu bleiben, erkennen und bejahen zu lassen. Ich kann nichts dafür, daß der Anblick eines Kranken solche Wirkung tut.

Aber ich sage mir: Vielleicht täte es den Revolutionären unter den Priestern, den Pionieren des konstruktiven Ungehorsams, den Forderern und Welteroberern von Zeit zu Zeit not, an Krankenbetten zu stehen. Hier ersterben einem die großen Parolen und Forderungen, die leeren, ausgedroschenen Phrasen auf den Lippen. Hier steht man vor dem blanken Kreuz Christi und muß sich seiner Torheit stellen. Oder darf man sogar wünschen, daß manch einer selbst auch für einige Zeit unter das Kreuz geholt wird? Dann könnte er erfahren, was wesentlich ist in der christlichen und priesterlichen Existenz.

Zu den schmerzlichsten Nachrichten, die an mein Krankenbett dringen, gehören für mich alle jene, die von offenem Ungehorsam gegen den Papst (in welchen Fragen auch immer), von Autoritätskrisen in der Kirche, von Austritten aus dem Priesteramt (früher „Abfall von Priestern" genannt!), von der Revolution der Amsterdamer Studentenseelsorger und deren Folgeerscheinungen, von Verwässerung der Lehre Christi, von der Relativierung der Wahrheit im Munde von Priestern und katholischen Gelehrten künden.

Der letzte Grund dafür ist wohl in den meisten Fällen, ohne daß man es eingesteht, der Verlust der Mitte, Schiffbruch im Glauben, Ersterben jeden innerlichen Lebens, Flucht vor der Religion des Kreuzes und Eingehen in den Geist der Welt, die sich alle um so unheilvoller auswirken, als sie vielfach von solchen propagiert werden, die es besser wissen müßten, und die in tragischer Verblendung und Kurzsichtigkeit unter dem Mantel christlicher Weltzugewandtheit und der vielpropagierten (aber wenig verstandenen) „Bekehrung zur Welt" den Geist Christi Jesu verlassen.

Wir leben in einer schweren Zeit der Kirche, und man sagt, daß gerade der Priesterstand in einem gefährlichen Wirbel lebe, in welchem er hin- und hergeworfen werde. Es ist schon sehr modern und fast verpflichtend, seine „Krise" zu haben; hat man sie nicht, erscheint man heute beinahe als anormal. Die Priester, so hört man sagen, seien sich ihres Standortes innerhalb der Kirche Gottes, ihrer Sendung in der Welt von heute und der Sinnhaftigkeit ihrer gegenwärtigen Lebensform (in Zölibat und konkretem sozialen Status) nicht mehr sicher und suchten nach neuen Grundlagen und überzeugenderen Formen ihrer priesterlichen Existenz.

Was im heutigen Suchen und Ringen wirklicher Verlust unabdingbarer Substanz und was endlich notwendig gewordener Abwurf aufgesammelten und hinderlichen Ballastes ist, wird nach sehr strengen Maßstäben aus den Quellen der Offenbarung und aus echter Kirchlichkeit entschieden werden müssen. Es wird vielleicht erst später einmal nach der „Sturm- und Drangperiode" entschieden werden können. An uns liegt es heute, zu beten und wachsam zu sein, daß der Geist Christi lebendig in uns bleibe.

In jeder denkbaren Form priesterlicher Existenz, die es in der Zukunft geben mag, wird es Grundzüge geben müssen, die den geistigen Standort des Priesters für alle Zeit und unabdingbar umreißen. Darüber läßt sich heute schon folgendes sagen:

An erster Stelle ist und bleibt der Priester der *Opfernde* und, im dargelegten Sinn, das Opfer des Volkes Gottes. „Sacerdotem oportet offere."

Aus seiner Stellung am Altar des Neuen Bundes kann ihn niemand verdrängen, von seiner Funktion zu opfern, kann ihn allerdings auch niemand dispensieren. Alle Anläufe, unter welchem Decknamen auch immer, gegen „Standesbewußtsein", „Standesdünkel" des Klerus müssen die Mittlerstellung auf Grund seiner Funktion als Opfernder unangetastet lassen, ansonsten formen sie das Priestertum Christi, an dem jeder Priester teilhat, selbst um.

Aus dieser fundamentalen Stellung eines Vermittlers im Opfer leiten sich andere indiskutable Dienste des Priesters ab. Unter ihnen die Dienstfunktion der Vermittlung des Heiles und der Gnade in den Sakramenten, besonders im „Dienst der Versöhnung". Der Priester ist zwischen den sündigen Menschen und den beleidigten Gott als Vermittler gestellt — eine Last, die heute schwerer als früher auf jedem Priester liegt. (Ein Priester sagte vor nicht langer Zeit, er gehe zum Beichthören in den Beichtstuhl nur, wenn er unbedingt hineingehen müsse!)

Der Priester ist ferner der amtliche *Beter* der Kirche Gottes. In dieser Funktion (und in der Verkündigung des Wortes) scheint er durchaus austauschbar und ersetzbar zu sein. Jeder Christ kann und soll beten und zum Künder der Botschaft des Heiles werden.

Das Beten (und Predigen) des Priesters aber muß durchaus von seiner Mittlerfunktion her gesehen werden. Es ist stellvertretendes Sprechen und Beten, Beten „in Beauftragung" von unten her zu Gott hinauf und Sprechen im Auftrag Gottes zu den Menschen hin. Etwas Prophetisches haftet diesem Beten und Sprechen des Priesters an. Es hat nicht nur „Dolmetscherfunktion", sondern auch besonderes Gewicht und die Garantie der Erhörung auf Grund der „Freundschaft" aus der priesterlichen Nähe zu Christus hin. Die Gläubigen bitten aus diesem Wissen (oder der Ahnung) der Nähe des Priesters zu Gott hin mit Recht um die Fürbitte, um das „Einschließen" im Gedenken vor Gott, um die Mitnahme ihrer Anliegen in das Opfer des betenden Christus, der immerdar vor den Vater tritt, „um für uns Fürbitte einzulegen".

Der Priester ist auch *Künder* des *Wortes;* nicht irgend eines Wortes, sondern gerade des Wortes vom Heil in Christus Jesus, und in sonst keinem; es ist das Wort vom Kreuz und seiner Torheit, das Wort vom „Gekreuzigten", der für die Juden Ärgernis und für die Heiden Torheit ist (1 Kor 1, 23 vgl. auch 1 Kor 2, 3).

Im Suchen nach dem Standort des Priesters wird es so lange keine Ruhe, im Gegenteil nur Verwirrung und Substanzverlust geben, solange nicht zurückgefunden wird zu jenen Funktionen, die dem Priester nach dem Willen Gottes seinen Platz und seinen fest umschriebenen Standort in Kirche und Menschheit zuweisen. Das Priestertum wird ein Priestertum in der Kirche Gottes bleiben. Das wird in allen Stürmen und Autoritätskrisen bedacht werden müssen. „Gott aber ist kein Gott der Unordnung, sondern des Friedens. So ist es in allen Gemeinden der Heiligen." (1 Kor 14, 32.)

All diese Dinge gehen einem nicht nur durch den Kopf, sondern auch durch das Herz, wenn man allein daliegt und Schmerzen hat. Sie haben zugleich etwas Schmerzliches und Tröstliches an sich.

Schmerzliches, weil man sich so allein fühlt, so machtlos, so ungebraucht und totgeschwiegen mit allem, was man an sich selbst erlebt hat und sagen könnte.

Tröstliches, weil man im Glauben von dem Wissen leben kann (und muß!), daß Gott seine Kirche nicht verläßt und er das Mitleiden mit seiner Kirche doch annimmt, ratifiziert, und dieses deshalb, weil das Leiden die Existenzform seines eigenen Sohnes widerspiegelt und darum wirkmächtig bleibt, auch wenn man für sich persönlich noch keine Früchte sieht. Aber auch der Erst-Priester Christus hat im Augenblick seiner Hingabe nur Dunkel um sich gehabt, und doch wußte er um seine Sendung und blieb in ihr zu unserem Heil. Aus seiner Opferung aber — der Opferung des Priesters — lebt die Welt noch immer.

DEN „KAIROS" ERKENNEN

Jesus sagt bei Mt 16, 3 ein ernstes Wort, das die Menschen aller Zeiten aufhorchen läßt: „Das Aussehen des Himmels wißt ihr zu deuten, die Zeichen der Zeit aber versteht ihr nicht." Bei Lk 12, 56 steht ein Satz, der Frage und Aufruf (Anklage) zugleich ist: „Wie kommt es, daß ihr die gegenwärtige Zeit nicht versteht?"

Dem Christen ist es also aufgetragen, die „Zeichen der Zeit" zu verstehen. Gott will aus ihnen erkannt werden. In diesem Zusammenhang rüttelt immer wieder der Bericht von Christus auf, der geweint hat über die herrliche Stadt Jerusalem, weil sie die „Zeit ihrer Heimsuchung" nicht erkannt hat.

Es gibt so etwas wie eine verpaßte Gelegenheit, eine Chance, die ein für allemal dahin ist; eine Zeit, in welcher für den Menschen als Individuum und als Gemeinschaftswesen das „Heil" nahe war, die aber nicht genützt, sondern übersehen, verschlafen, vertan wurde.

Gott spricht, bietet an, lädt ein durch die Erfordernisse, die besonderen Bewegungen — auch durch die Bedrängnisse einer Zeit, in der der Mensch und Christ lebt.

Die „Zeichen der Zeit" sind immer *unsere* Zeichen. Der „Kairos", von dem das Evangelium spricht, ist immer der je persönliche Lebensraum und der einmalige Zeitausschnitt, in welchem wir sind. In ihm haben wir Gott zu erkennen und seine Sprache zu verstehen. Das erfordert einen wachen Geist und ein offenes und williges Gehör für die in vielfältigen Verpackungen herantretenden Seligkeiten und Freuden,

Nöte und Kümmernisse, Hilfen und Stützen, die Gott uns in unserem „Kairos" entgegenhält. Als Christen müssen wir immer aus *unserem* „Kairos" leben, stets aus jener einzigartigen Situation heraus und in sie hinein wirken, in der wir aktuell stehen.

Zurückzuträumen in ferne Tage der Gesundheit und des körperlich-seelischen Intaktseins wäre darum auch für mich ebenso falsch, wie es hoffnungslos und unergiebig ist, nach dem Verlangen zu haben, was andere besitzen. Ich muß meinen Tag nützen und die Chancen entdecken, die in meiner Krankheit und den damit gegebenen Erschwernissen liegen. Gott spricht hier und jetzt aus ihnen zu mir und verweist mich unüberhörbar vor die Türe meines eigenen, einmaligen Daseins. Hier habe ich Gott zu finden und mein Heil zu wirken, ohne zurückzuschauen, ja selbst, ohne in die Zukunft zu blicken. Denn auch alles Vorausdisponieren ist mir nur unter gewissen Voraussetzungen abverlangt, insofern ich aus dem aktuellen Erkennen meines jetzigen „Kairos" hellhörig für die Stimme Gottes bleiben muß und einsichtig für die Sprache Gottes und die „Zeichen" seiner Anwesenheit in jedem kommenden „Kairos" meines Lebens.

Solange ich bemüht bin, in meinem „Kairos" zu stehen und Gottes Sprache in ihm für mich persönlich zu entdecken, kann und muß ich in der Haltung der *Gelöstheit und Sorglosigkeit* leben. Sie ist mir vom Evangelium nicht nur wohlmeinend anempfohlen, sondern sogar verbindlich abverlangt. Und ich bin vor allem davon befreit, mein Dasein in Zittern und Zagen, in *Angst* zu fristen. Dem morgigen Tag nämlich in Angst entgegenzugehen, ist Kennzeichen eines unerlösten Lebens, eines an Gott vorüberlebenden, vor

Gott verhangenen Daseins, ist Merkmal heidnischer Lebenseinstellung (vgl. Mt 6, 25—34). In der Haltung der Gelöstheit jedoch bleibt mein innerer Blick frei und unbefangen und kann den Dingen und Ereignissen auf den Grund sehen. Und er vermag vor allem durch die Dinge hindurchzudringen und hinter aller Erscheinungen und Wandlungen Flucht den zu erkennen, der in und aus ihnen spricht, mich aufruft und drängt.

Wenn ich mich als Christ dem Anruf meines „Kairos" stelle, wenn ich ihn im konkreten Vollzug meiner christlichen Existenz ausschöpfe, dann bleibt mein Leben nicht nur für mich selbst lebenswert, sondern auch nachvollziehbar und anziehend für die anderen. Denn soviel, glaube ich, müßte im Leben eines Christen zumindest „darinnen" liegen, daß es eine Einladung zum Nachvollzug bleibt für jeden, der sich gerade in unseren Tagen mühsam genug durch diese Zeit hindurchzukämpfen sucht und auch in ihr die Anzeichen der Anwesenheit Gottes entdecken möchte.

Nun gilt es über den „Kairos", also jenen einmaligen und je persönlichen Zeit- und Lebensausschnitt, noch zu bemerken, daß er in sich auch die überpersönlichen Tendenzen und Strömungen einer Zeit birgt. In ihm ist diese — und jede — gegenwärtige Zeit gebündelt und dichtgedrängt präsent. Wir leben unseren je persönlichen „Kairos" immer als Menschen unserer Zeit. Seinen eigenen Kairos erkennen, heißt also auch, diesen allgemeinen Geist seiner Zeit zu verstehen und auszuschöpfen. Was mir meine Zeit in ihren Angeboten für die Gestaltung meines Lebens sagt, muß daher auch Wegweisung und Impuls für meine christliche Existenz hier und heute abgeben.

Bei rechtem Zusehen scheint mir unsere Zeit einige unüberhörbare Appelle zu enthalten, die ich als Christ aufgreifen muß, um meiner Sendung gerecht zu bleiben. Ich habe in meiner jetzigen nächsten Umgebung Gelegenheit, die Wirkungen dieses unseres Zeitgeistes zu erleben.

Perfektionismus

Was meine Zeit zunächst sehr auffällig kennzeichnet, ist ihre Absage an alle Halbheiten und an alles Unfertige und ihre Forderung nach dem Ganzen, dem Vollkommenen, dem Perfekten. *Perfektionismus* ist das Gebot dieser Stunde: in der Wirtschaft, in der Industrie, in der Wissenschaft, im Sport, kurz, auf allen Ebenen heutigen Lebensvollzuges. Im unerbittlichen Konkurrenzkampf unserer Tage hat nur das Bestand (und das Recht zu überdauern), was in seiner Art das Beste und Perfekteste ist. Was nicht ausgereift und unvollkommen ist, bleibt unbarmherzig auf der Strecke. Der Mensch ist heute ständig angegangen, aus sich das Letzte an Möglichkeiten und Fähigkeiten herauszuholen. Nur so kann er die Jagd nach hundertstel Sekunden im Sport, die Konkurrenz in der Wirtschaft und den Wettlauf in der Eroberung unerschlossener Lebensräume mitmachen und eventuell gewinnen. Und es ist gerade heute im Zeitalter der Elektronik und des Computers zu sehen, daß seine spezifisch-menschliche Funktion und Stellung bis zu einer nie dagewesenen Wertgeladenheit und Qualifikation gesteigert ist. Das spezifisch Geistdurchwirkte der menschlichen Handlung steht heute in einer Strahlungskraft wie nie zuvor da. Das ist gerade auf dem Hintergrund vieler Phänomene zu beachten, die alle den Menschen zu ersetzen scheinen.

Wer sich heute als Christ in seinem Lebensbereich von dieser Tendenz unserer Zeit zum Perfekten ansprechen läßt, ist im besten Sinne „modern". Er wird so auch von außen her angehalten, sich im Einsatz für Gottes Reich nicht mit Halbheiten, mit Verwässerungen und Nivellierungen zufriedenzugeben, sondern das Ganze aus sich heraus-zuholen.

Der „moderne" Christ weiß, daß heute mehr denn je nur mehr die größere Liebe und der selbstlosere Einsatz für die Sache Gottes Geltung hat. Wir stehen auch innerhalb der Kirche mitten in Arbeiten der Reform, der Erneuerung nach den Erfordernissen unserer Zeit. Das Ausschlaggebende all dieser Bemühungen muß stets aus der Frage kommen: Dient uns eine konkrete Reform oder die Neu- und Andersfassung einer bisherigen Lebensweise für die überzeugendere, tiefere, wesentlichere Darstellung Christi in der Welt; kann dadurch die Liebe zu Gott und zu den Mitmenschen größer und glühender werden und besser gelebt werden?

An dieser Frage — und nur an ihr — muß heute alles gemessen werden, was Einzelchrist und Gesamtkirche leisten wollen und leisten müssen. Was dieser Frage standhält, trägt den Stempel des Gültigen und Richtigen, auch wenn es Absage bedeutet an Althergebrachtes und Gewohntes.

Wir haben es schon immer gewußt, daß Christus das Ganze will und allen Halbheiten feind ist. Wir kennen seine drängenden Worte, daß der *alles* verlassen muß, der ihm nachfolgen will; daß derjenige nicht mehr zurückschauen darf, der einmal „die Hand an den Pflug gelegt hat"; und daß ein Mensch das Himmelreich

„nur mit Gewalttätigkeit" an sich reißen kann. Es ist gerade unsere Zeit, die uns Christen mit ihren Mitteln und in ihrer Sprache vor Augen hält, daß heute nur der *ganze* Einsatz gültig ist. Überall dort, wo die Welt einem Christen im Ganzeinsatz begegnet, wird sie sich noch ansprechen lassen und sich dem in diesem Ganzeinsatz dargebotenen Evangelium auftun.
„Unmodern" sind also alle diejenigen, welche Christi Lehre und Auftrag verwässern, das Kreuz wegdiskutieren und ein Christentum zu verbilligten Preisen feilbieten. „Unmodern" ist jede Neuerung, die nicht zu größerer Liebe, zu festerem Stehen im Glauben, zu überzeugenderer Darstellung des Lebens *und* des Todes Christi führt.
Und als Christ muß ich mir aus den „Zeichen der Zeit" heute ferner sagen lassen, daß es auch auf mich ankommt, und ich mit einer Tat der Selbstlosigkeit, der Güte, des Gebetes und des opfervollen Einsatzes in einem Brennpunkt der Ausstrahlung stehe, deren letzte Grenzen ich nicht mehr abstecken kann. Das Geheimnis weltweiter Wirksamkeit aus der Lebensgemeinschaft mit Christus (vgl. Jo 15, 1 —11) und als Glied des geheimnisvollen Leibes Christi (vgl. 1 Kor 12, 12—30) erhält durch die „Zeichen meiner Zeit" und ihre Sprache eine sinnenhafte Ausdeutung von unüberhörbarer Deutlichkeit. Die heutige Welt zeigt mir als Christen auf ihre Art, wie wertgeladen und hochqualitativ mein auch bescheidenstes Wirken für die große Menschheitsfamilie sein kann, wenn ich es nur im Bewußtsein höchster Verantwortung und aus der lebendigen Verbindung mit Christus heraus in Einsatz stelle.

Optimismus

Ein weiteres Merkmal unseres „Kairos" meine ich in dem überdurchschnittlich-starken *Optimismus* zu entdecken, der die heutige Menschheit beseelt. Dem heutigen Menschen ist es klar, daß es für ihn auf allen Gebieten des Lebens nur ein „Vorwärts" und kein „Zurück" gibt. Die Veränderungen im Gesamthaushalt des heutigen Lebens sind denn auch so rasant und tiefgreifend, daß Warnungen und Befürchtungen, auch wenn sie berechtigt erscheinen, nur als Unkenrufe abgetan werden. Der Kulturoptimismus kennt für die kommenden Tage nur Siege, und wo Niederlagen vorausgesehen werden, dienen sie nur als „notwendige Verschnaufpausen", die bereits miteingeplant sind. Wer wagt es heute noch, Vorausplanungen und Vorausberechnungen, auch wenn sie noch so unvorstellbar anmuten, in Zweifel zu ziehen!

Dieser Optimismus hat seine Berechtigung. Der Mensch hat von Gott den Auftrag, sich diese Erde untertan zu machen und sein Leben in den Griff zu bekommen.

Der Christ darf heute nicht als Pessimist danebenstehen. Gerade er muß mitten drinnen sein! Ja, er muß vorangehen, muß Wege aufzeigen und Quellen freilegen, aus denen dieser Optimismus stets neu gespeist werden kann. „Alles ist euer, ihr seid Christi!", sagt der Apostel. Niemand hat mehr Berechtigung, mehr Verpflichtung zum Optimismus als der Christ. Weiß er doch Gott bei der Schöpfung. Und all das Negative in der Welt, das Leid und die Schattenseiten des Daseins, die kann er in ihrem rechten Stellenwert belassen, da er sich im Besitz der Güter weiß, die eine umgestaltende Kraft in sich bergen. Das Gnadenleben in ihm dem Christen, ist auf der ganzen Linie auf Aufbruch, Entfaltung, Durchsäuerung der Welt hin angelegt. Und nichts weist auf Versteinerung, auf Rückschritt und Stagnation hin.

Optimismus ist also dem Christen nicht fremd. Denn die christliche Existenz ist, recht verstanden, ein Dasein der *Freude*. Sie weiß, daß Gott da ist und daß letztlich nichts schiefgehen kann. Je erlöster daher das christliche Dasein aussieht, je freudiger es gelebt wird, desto christlicher und darum auch ansprechender ist es. Der heutige Mensch, so hört man sagen, hat einen förmlichen Heißhunger nach Freude. Wer als Christ echte und wahre Freude gibt und Optimismus lebt, meistert nicht nur sein eigenes Dasein, sondern kommt auch bei seinem Mitmenschen an und erlöst dessen Welt in die Freude Gottes hinein.

Sozialität

Ein letzter Zug unserer Zeit fällt mir gerade auch in dieser meiner allernächsten Umgebung auf, der erst recht ausgeschöpft und in den Vollzug heutiger christlicher Existenz eingebaut werden muß: die *soziale Aufgeschlossenheit* des heutigen Menschen. Unsere Welt ist klein geworden, und die Menschen sind einander nähergerückt. Durch die Massenmedien erhalten wir den Nebenmenschen und all seine Probleme und Belastungen, aber auch seine Vorzüge und Reichtümer täglich „frei Haus" geliefert. Es kann uns als moderne Menschen nicht gleich sein, wie es um den anderen steht. Wir erhalten täglich eingehämmert, daß wir alle zusammen im gleichen Boot sitzen und einander durch das Leben helfen müssen.

So stehen wir heute auch an einem Kulminationspunkt der sozialen Errungenschaften, wie das bislang noch nie der Fall war. Wenn heute der Mensch in seinem Mitmenschen den Bruder erkennt, der ihm zur Gabe, aber auch zu Aufgabe gegeben ist, so ist das nur zu begrüßen, auch wenn das soziale Engagement nicht unter dem ausgesprochenen Vorzeichen der Religion oder der spezifisch christlichen Motivation steht.

Der Christ kann (und muß) sich wieder von außen her verweisen lassen auf den Auftrag Christi, der ihn zum selbstlosen Dienst am Mitmenschen verpflichtet. Das „Größte Gebot" setzt Gottes- und Nächstenliebe gleich. Johannes kommentiert dazu: „Das ist die Botschaft, die ihr von Anfang an gehört habt: Wir sollen einander lieben. Nicht wie Kain, der vom Bösen herkam und seinen Bruder erschlug. Und warum erschlug er ihn? Weil sein Tun böse war, das seines Bruders aber gerecht. Wundert euch nicht, Brüder, wenn die Welt euch haßt. Wir wissen, daß wir aus dem Tod zum Leben gekommen sind, weil wir die Brüder lieben. Wer keine Liebe hat, bleibt im Tode. Jeder, der seinen Bruder haßt, ist ein Mörder. Und ihr wißt, daß kein Mörder das ewige Leben in sich trägt. Daran haben wir die Liebe Gottes erkannt, daß er sein Leben für uns dahingegeben hat. So müssen auch wir das Leben für die Brüder hingeben. Wer die Güter der Welt besitzt und seinen Bruder Not leiden sieht und doch sein Herz verschließt vor ihm: Wie kann in dem die Liebe Gottes wohnen? Kinder, laßt uns nicht mit Worten und mit der Zunge lieben, sondern in der Tat und Wahrheit." (1 Jo 3, 11—17.)

Im Mitmenschen dienen wir Gott. Jesus sagt: „Was ihr dem Geringsten meiner Brüder getan, das habt ihr mir getan." In dieser Aussage ist der Nächste nicht abgewertet zu einem bloßen „Mittel"; hier ist er vielmehr erhöht und in unvergleichlicher Qualifikation ernst genommen.

Das Gebot, den Bruder nicht nur irgendwie zu respektieren, sondern sogar zu lieben, liegt schwer auf jedem Christen. Seine Erfüllung gibt das Zeugnis echter Jüngerschaft (Jo 13, 35), seine Mißachtung ist Verrat am Christentum und an Christus selber.

Der Christ muß sich also durch die „Zeichen seiner Zeit" an sein eigenstes Sollen gemahnen lassen. Nur dann ist er ein „moderner Mensch" und ein ganzer Christ, wenn er sich nicht zurückzieht in seine eigenen vier Wände, sondern aus sich heraustritt und sich für den Mitmenschen hergibt in jeder Form, die das heutige kulturelle und gesellschaftliche (soziale) Leben anbietet, mag sie noch so profan und unkonventionell aussehen.

Perfektionismus, Optimismus, Sozialität — drei Grund-Antriebskräfte der heutigen Menschheit — Kennzeichen unseres „Kairos", die ich als Christ nicht übersehen darf. Wenn ich ihren Appell an mich verstehe, dann bleibt Gott in diesem Kairos, aber durch mich, den Christen. Dann ist Gott auch Herr dieser unserer Zeit.

RUFEN SIE DEN PRIESTER

Einen ganzen Vormittag liege ich im Sterben. Der Rückfall war über Nacht gekommen. Schwestern und Ärzte sind ziemlich nervös. Je öfter ich für Augenblicke aus der Bewußtlosigkeit aufwache, desto mehr Menschen in weißen Kitteln sehe ich um mein Bett herum. Aus der pausenlosen Hast ihrer gezielten Hantierungen an mir, aus ihrer Wortkargheit, aus ihren fast traurigen und strengen Gesichtern erkenne ich den Ernst meines Zustandes.

Alle um mich herum sind Christen, aber keiner von ihnen kommt auf den Gedanken, für mich den Priester zu rufen. So sage ich in einem Augenblick des vollen Bewußtseins: „Bitte, rufen Sie mir den Priester!" Jemand antwortet mir: „Es ist zwar nicht mehr nötig, aber damit Sie beruhigt sind, werden wir ihn verständigen." (In den nächsten Tagen erfahre ich, daß man sich keinen einzigen Augenblick sicher war, ob ich diesen Vormittag überstehen würde.) Gebetet wird mit mir nicht ein Satz, und auch keine einzige Silbe eines religiösen Gedankens oder Wortes wird mir zugesprochen. Und auch der Priester kommt nicht! Hat man ihn nicht gerufen? Hat man ihn in der Hast der sich überstürzenden Ereignisse nicht verständigt? Er kam einfach nicht.

Und doch werde ich versehen. Aus der Schar der Weißgekleideten, die mein Bett umstanden, löste sich eine Gestalt. Ich kannte ihn bereits gut. Er ist ein Ordenspriester, der an der Klinik die Ausbildung zum Facharzt der Inneren Medizin macht.

Er tritt heran, nimmt meine Beichte ab und spendet mir die Krankensalbung.

Soweit die Ereignisse an jenem verhängnisvollen Vormittag.

Was ich wieder am eigenen Leib verspüren muß, was in dieser Situation ganz nah an mich herankommt, ist das Versagen so vieler Christen im Angesicht ihrer sterbenden Mitmenschen. Das festzustellen, ist um so schmerzhafter und mit dem Anschein der Ungerechtigkeit behaftet, je dankbarer ich feststellen muß, daß sie durch die wirklich rührende Aufopferung, den Einsatz, die Ausdauer und ihr Können ihr Bestes geleistet haben, mich „ über den Berg" zu bringen. Aber warum wird in solchen Augenblicken nicht weitergedacht? Warum sieht man nur das leibliche Wohlergehen?

Es liegt ein tragisches, stillschweigendes Übereinkommen über denen, die beruflich an das Sterbebett ihrer Mitmenschen gestellt sind. Sie meinen, den Menschen über den Tod hinwegtäuschen, ja hinweglügen zu müssen. „Es gilt als allgemeine Regel", schreibt ein bedeutender Mediziner unserer Zeit, „daß der Arzt die Pflicht habe, den Menschen vor diesem Wissen (des nahe bevorstehenden Todes) zu schützen" (Arthur Jores). Ich werde an diesem Tag beinahe das Opfer dieses verhängnisvollen, ungeschriebenen Gesetzes.

Natürlich möchte man den Kranken schonen, indem man ihm den Ernst der Lage verschweigt. Aber wie oft riskiert man nicht dadurch, daß der Mensch unvorbereitet vor seinen Herrgott tritt.

Die Bedeutung des Todes wird heute eher und ausschließlich als Abschluß und Schlußpunkt dieses Lebens hier und seiner Chancen gesehen, und darum muß der Tod einseitig als Tragödie, als Katastrophe gelten — nicht aber auch als Beginn des neuen und endgültigen Lebens bei Gott. Die Konfrontation mit dem eigenen

Sterben ist mit dem Makel des Unmenschlichen und Unzumutbaren behaftet. Ich habe es selbst oft erleben müssen, welche Panik und welchen Aufruhr mein Erscheinen als Priester am Bett eines Kranken auslösen konnte, und wie schwer es war, in wirklich unaufschiebbaren Fällen das Gespräch auf den Empfang der Sakramente und auf die Vorbereitung zum Sterben zu lenken. Der Priester ist in der Einschätzung der meisten Menschen — leider auch sehr vieler „gutgläubiger" Christen — der klassische Todesbote am Krankenbett.

Und wenn er priesterlich seines Amtes am Krankenbett gewaltet hat, dann glaubt die halbe Welt, der Kranke habe nun die Versiegelung zur Reise in die Ewigkeit erhalten. Nun, tatsächlich steht der Priester sehr oft an der letzten Wegstrecke eines Menschen auf dieser Welt. Aber die Deutung seines Tuns und die Einschätzung des Sterbens als Katastrophe, selbst von denen, die es als Christen aus der Frohbotschaft Christi besser wissen müßten, ist verhängnisvoll und erschütternd.

Wie viel Falsches, um nicht zu sagen, wie viel Unglaube, steckt in der praktischen Einstellung der Christen zur Seligkeit des Himmels, zu dem, was uns Gott gibt, wenn wir diese Zeitlichkeit verlassen, zu dem, was auch dieses Leben hier auf Erden (nur) darstellen soll!

Dieser praktische Unglaube hat sich auch in weiten Kreisen des Priester- und Ordensstandes ausgebreitet. Im Taumel der „Sendung für diese Welt", im Rausch der „Welteroberung für Christus", will man von der Erde etwas haben, denn die „ewige Seligkeit wird uns noch früh genug geschenkt".

Aber daß sie erstrebt, glühend ersehnt, heiß herbeigebetet wird, davon ist nicht viel zu spüren. Und doch weiß der Gläubige, daß er für sich und die Seinen in Gott allein sein Genüge und seine höchste Erfüllung finden wird. Man kann in glühender Begeisterung von den Freuden des Himmels, von der Sehnsucht nach Gott, von der letzten Erfüllung des Menschen im Himmel predigen und dann zurückschrecken, wenn man vor der unmittelbaren Möglichkeit steht, selbst in diese Freude eingehen zu können oder andere eingehen zu sehen. „Sie reden so begeistert von der Seligkeit bei Gott", sagte einmal jemand, „aber wenn es für sie so weit ist, hineinzudürfen, möchten sie nicht hinein."

Ich weiß: Die Angst vor dem Sterben ist hier vielleicht auf einen zu einfachen Nenner gebracht. In ihr fließen viele Momente zusammen: Der Gedanke, nicht gut vorbereitet zu sein, sein Lebenswerk nicht gut genug getan zu haben, noch nicht fertig, nicht reif genug zu sein, noch so manchen Negativposten auf dem Lebenskonto zu haben, und vor allem, noch gebraucht zu werden, hier auf Erden nötiger zu sein als im Himmel.

Steckt nicht auch ein noch größeres Stück praktischen Unglaubens in unserer Haltung zu Tod und Ewigkeit? Wer wagt es denn, einem Menschen, einem tiefgläubigen Menschen, der vor den Toren der Ewigkeit steht, zu gratulieren, daß er nun bald wird einziehen dürfen (!) in die „Freude seines Herrn", um seinen „Lohn von Gott" zu empfangen; oder eine Familie, eine Ordensgemeinschaft, eine Diözese zu beglückwünschen, die den wohlvorbereiteten Vater, den Mitbruder, die Mitschwester zu Grabe geleiten, daß sie einen Fürsprecher bei Gott haben, der ihnen nun eigentlicher und tiefer geschenkt ist, als wenn er noch leiblich unter ihnen weilte? Statt dessen wird an offenen Gräbern noch immer, auch von den Predigern der Kirche, von „Trauer", von „Unglück", von „unersetzlichem Verlust" und ähnlichem gesprochen. Heidnische Allgemeinplätze, die breitgetreten werden!

Oder, wer nimmt denn schon einen jungen Menschen ernst, der sich wirklich ehrlich freut und sich danach sehnt, sterben zu dürfen, um bei Gott zu sein? Man sehe sich die Gesichter all jener „sehr frommen" Menschen an, wenn man ihnen von dem nahen und sehr bald möglichen Tod spricht.

Hier ist in unserer „christlichen" Einstellung etwas nicht zu Ende gedacht. Hier ist ein Gedankengang aus irrationalen Emotionen plötzlich abgebrochen und vegetiert als unnatürlicher Torso in den Gehirnen der Christen weiter.

Und wie oft wird Gott als ungerechter Despot eingeschätzt, wenn er es wagt, einen vor allem jungen Menschen „vorzeitig" aus diesem Leben zu sich zu holen.

So muß ich denn meine Umgebung im Krankenzimmer verstehen, die mir die Nähe meines Todes verheimlichen zu müssen glaubt. Sie kann es nicht anders. Sie steht im Sog dieser unchristlichen Denkschemen. Wie viel müssen wir noch umdenken lernen. Wie wenig erst haben wir das Wort des Apostels ernst genommen und in das tägliche Leben bis in seine letzten Konsequenzen hinein ausgerichtet, daß unsere Heimat nicht hier auf Erden ist, sondern im Himmel!

Aber auch etwas anderes erfahre ich an jenem bedeutungsvollen Vormittag, das mir gleichfalls unvergeßlich bleibt. Der Priester ist bei mir gewesen. Gott hat mich in meiner schwersten Stunde nicht allein gelassen. Nun warte ich der kommenden Dinge.

Eine Ruhe und ein Friede kommen über mich, die mich

nicht mehr verlassen. Daß man vor den Toren der Ewigkeit so ruhig sein kann, hätte ich mir früher nie träumen lassen. Zuversicht und Ergebenheit liegen über meiner Seele, und ich möchte sie als direkte Wirkung des in der Beichte bereinigten Lebens und der heiligen Salbung bezeichnen.
Viele Mitbrüder und Bekannte kommen an diesem Tag noch einmal zu mir. Sie sind alarmiert worden, daß es „mit mir zu Ende gehe". Ich kann mit ihnen nicht reden, liege wach vor ihnen und merke, daß sie eigentlich zum Abschied gekommen sind. In ihren Augen lese ich ehrliche Sorge und ehrliches Bangen. Es muß in diesen Augenblicken wohl viel für mich gebetet worden sein. Denn ich weiß mich geborgen, gehalten, in Gott hineingenommen, der bei mir ist. Ich bin so weit, daß mir alles willkommen ist, was immer auch anbrechen mag.
Was doch der Dienst des Priesters am Sterbebett ausmachen kann. Ich verstehe besser und weiß nun tiefer zu schätzen, was ich selbst als Priester an den Betten von Sterbenden darstellen durfte und so Gott will, noch weiterhin bedeuten darf.
Vielleicht muß das alles jeder Priester einmal selbst erlebt haben, um seine Berufung besser zu verstehen und einzusehen, daß er zum Brückenschläger zwischen Zeit und Ewigkeit, zum Friedensboten bestellt ist, und zum Zeichen vor dieser Welt, daß Gott unser wartet mit der Fülle seiner Freude und Seligkeit, wenn unsere Stunde gekommen ist.
Daß wir das doch freudig und glaubend leben könnten!

JETZT UND IN DER STUNDE UNSERES TODES

Ich liege in einem großen Krankensaal mitten unter Frischoperierten. Mir gegenüber steht das Bett eines Sterbenden, dem der Tod bereits seit Tagen in das Gesicht geschrieben ist. Am Tag vor seiner letzten Nacht war der Priester bei ihm und hat ihn auf seinen letzten Gang vorbereitet. In seiner letzten Nacht beobachte ich, wie die diensthabende Nachtschwester — sie ist bei uns im Saal, da es auf der Station kein Dienstzimmer gibt — von Zeit zu Zeit ihren Schlummerstuhl verläßt und zum Bett des Sterbenden geht, um nachzusehen, „ob es schon so weit ist". Kurz nach Mitternacht muß der Tod eingetreten sein, während die Schwester gemächlich im Stuhl eingenickt war und die Patienten vielstimmig schnarchten. Kein Mensch war an seinem Bett in seiner letzten Stunde.

Die Schwester steht nach einer Weile wieder auf, geht zum Bett, stellt den eingetretenen Tod fest und macht sich dann an die (routinemäßige) Arbeit. Sie entkleidet den Toten, wickelt ihn in ein Leintuch, zieht alles übrige Bettzeug ab, läßt den Toten im Saal liegen, setzt sich wieder in ihren Stuhl und schlummert weiter, wie wenn überhaupt nichts gewesen wäre. Um fünf Uhr in der Früh kommen die Leichenträger. Jetzt noch klingt mir der Aufprall des Leichnams auf die harten Bretter der schwarzen Truhe in den Ohren! Um 8 Uhr geht ein Telegramm an die Verwandten ab: „Patient X um 0.10 Uhr gestorben." Die übrigen Patienten merken in der Frühe kaum, daß ihr Leidensgefährte gar nicht mehr unter ihnen ist. Sein Name wird an diesem Tag und auch fernerhin nie wieder genannt. Das Bett wird während des Tages neu überzogen. Fertig für den nächsten Kranken!

Auch mein Bett steht in der Sichtweite der Schwester. Nun weiß ich, daß auch ich in der „Region des Todes", in der „Sterbeecke" des Saales liege. Werde auch ich so sterben müssen, „wenn es mit mir so weit ist?"
Wird heute auf solche Weise gestorben? –

Hier erlebe ich fast an mir selbst, was ich aus der sonstigen Erfahrung im Krankenseelsorgedienst und aus der Literatur weiß: Der Tod ist ein leidiges Kapitel im Ablauf des heutigen Lebens. Er darf nicht wahr sein; er wird den Menschen verschwiegen. Das Sterben wird verborgen und lautlos erledigt. Heute wird unpersönlich gestorben und serienmäßig. Medizin und Technik – und auch moderne Anthropologie – versagen im Angesicht des Todes. Der Mensch ist heute gegen alles Mögliche versichert, im Sterben aber setzen alle Hilfen aus.

Das macht sein Sterben doppelt tragisch, und so ist er in seinen letzten Stunden in seine eigene, unsagbare Einsamkeit verwiesen.

Wir leben in der Zeit eines riesigen Massensterbens. Nicht nur, daß in der jüngsten Vergangenheit (und auch noch zum jetzigen Zeitpunkt) Millionen Menschen gewaltsam durch Kriege das Leben lassen mußten. Auch dort, wo der Friede der Waffen herrscht, fordert der Tod seine ungeheuren Opfer auf den Straßen unserer Länder! Dieser Tod trägt die Signatur des plötzlichen Sterbens.

Bei all dem müßte man annehmen können, daß der heutige Mensch auf das Sterben eingestellt und ausgerichtet, eingelernt und „einstudiert" sei. Dem ist aber nicht so.

Mir kommt ein Text in den Sinn, den Rainer M. Rilke schon im Jahre 1909 in seinem „Malte Landrids Brigge" schrieb. „Jetzt wird in 559 Betten gestorben. Natürlich fabriksmäßig. Bei der enormen Produktion ist der einzelne Tod nicht so gut ausgeführt. Aber darauf kommt es auch gar nicht an. Die Masse macht es. Wer gibt heute noch etwas auf einen gut ausgearbeiteten Tod? ... Der Wunsch, einen eigenen Tod zu haben, wird immer seltener. Eine Weile noch, und er wird eben so selten sein wie ein eigenes Leben. Gott, das ist alles da: Man kommt, man findet ein Leben fertig, man hat es nur anzuziehen; man stirbt, wie es gerade kommt."

Von Rilke stammen auch die treffenden Begriffe des „Kleinen Todes" und des „Großen Todes". Mit ersterem meint er eben jenes unpersönliche Nichtsterben, sondern das anonyme, serienweise erledigte Gestorben-Werden; mit letzterem das ganz persönliche, das wohlvorbereitete, bewußt angenommene Hinübergehen, den „gut ausgearbeiteten Tod".

Der „Kleine Tod" wird mit einem Male ganz bitterer Ernst in jenem Augenblick, da ich ein solches modernes Gestorben-Werden nur wenige Meter von meinem Bett entfernt vorexerziert erhalte und damit rechnen muß, daß es vielleicht morgen schon auch über mich wie eine unbarmherzige Walze hinwegrollen kann. Es ist wahr, daß dem Technizismus in unseren Krankenanstalten der „Kleine Tod" in der anonymen Unpersönlichkeit willkommener ist als der „Große Tod". Denn der letztere ist ein Ereignis, in das auch die Umwelt des Sterbenden eingeplant und helfend dazugedacht ist. Im „Großen Tod" ist der sterbende Mensch jeweils ganz persönlich beansprucht, aber auch der

Mitmensch zu seiner Seite hat dabei seine unentbehrliche Rolle beistehender Assistenz zu spielen. Im „Großen Tod", der eigentlich der Tod des Christen ist, vollzieht der Mensch den einsamsten Akt seines Lebens schlechthin im Sinne des ganz persönlichen Hintretens vor das Angesicht Gottes, vor dem es keine Abschüttelung der Last und keine Stellvertretung gibt. Und doch braucht er die Mithilfe und Vorbereitung zu diesem je persönlichen und einsamen Akt. Er braucht das Geleit zum Tor, die Unterstützung bei der Ordnung des letzten Wegstückes und auch der letzten Intentionen. Er braucht die durchaus mögliche Abnahme aufgebürdeter Lasten und den festen Halt in der dargebotenen Hand, wenn in den heraufziehenden Verwirrungen und Schwankungen des Gemütes das Licht der Zuversicht, der klaren Einordnung der Ereignisse des vergangenen Lebens und vor allem der Glaube zu dunkeln beginnen wollen.

All diese Hilfen vermisse ich in jener Nacht. Und wenn ich selbst an der Reihe bin, werde ich diese Hilfen nicht haben. Ich werde mich, wenn mich Gott von hier wegholen kommt, darauf einstellen müssen, auf sie zu verzichten.

Und ich erschaudere: Nur nicht diesen Tod in der namenlosen Masse! Nicht den „Kleinen Tod"! Ich will nicht hinüberduseln. Ich will als Christ und als Mensch sterben. Darum will ich das Geleit Jesu und Marias und das Aufgebot derer, die mir im Leben zur Seite gestanden sind! Ich will den „Großen Tod", den gut ausgearbeiteten Tod, welcher Aufgipfelung, Schlußfuge und zusammenfassender Endakkord meines Lebens ist, und höchster Akt des Überstieges in das andere Leben.

Ich weiß, es ist dreist, solches zu fordern. Denn ein „Großer Tod" ist letztlich Geschenk, ist Gnade und Erbarmen Gottes. Seit jener Nacht ist mir darum viel einleuchtender, warum wir so sehr geheißen sind, um eine „gute Sterbestunde" zu beten. Denn in diesem Gebet denken wir bereits voraus, legen die Wege offen, nehmen das Todesereignis bereits einübend vorweg und bitten um Gottes Anwesenheit.

Der „Große Tod", so glaube ich ferner, wird nur gegeben und ist nur möglich, wenn das Sterben als bewußtes Hinübergehen schon hier im Leben eingeübt, vorausexerziert und vorweggenommen wird. So muß das Sterben schon im täglichen Lebensvollzug „darinnen" sein und mitgetan werden: in der Haltung abwägender Distanz zu den Dingen, Menschen und Ereignissen, in der Verfassung inneren Abschiednehmens und Ausgreifens nach den vorausliegenden Gütern der kommenden Herrlichkeit.

Wer mit Christus täglich stirbt, wer immer wieder eingeht in seinen Tod, nimmt den „Großen Tod" schon vorweg, hat aber auch schon das Leben, die Herrlichkeit und die Gewißheit der Auferstehung, die in diesem Sterben mitgegeben sind.

Der Christ lebt nicht für das Sterben, um nicht mehr zu sein, sondern er stirbt für das Leben und die Auferstehung, um ganz und vollendet zu leben. In seinem Leben ist das „Sterben" und in seinem Tod schon die Herrlichkeit des Kommenden anwesend. „Großer Tod" wird darum nochmals und so oft Tod Christi selbst, individueller Nachvollzug des Sterbens Jesu, das die Erlösung bringt. Wer im Verein mit Christus den „Großen Tod" stirbt — paradoxer Gedanke —, bringt durch die, menschlich gesprochen, größte Katastrophe seines Lebens den größten Segen, den er je zu bringen vermochte. Er gibt sterbend Zeugnis vom Leben, in das er eingeht. Noch mehr: Er wird Christus gleichgestaltet, der im Sterben seiner Getauften seinen eigenen Erlösertod wiederholt, der also in seinen sterbenden Christen weitererlöst.

Es hat nicht sein wollen, daß ich in jener Nacht der nächste war, der hinüberzugehen an der Reihe gewesen wäre. Aber es wird seit jener Nacht noch mehr sein müssen, daß ich den „Großen Tod" Tag um Tag besser einübe; daß ich Sterben und Tod mitten im pulsierenden Leben bejahe und sie mitdenke und mitvollziehe.

Dann mag meine „letzte Nacht" kommen, wann und wo immer sie kommen will. Sie wird mir nicht fremd sein. Denn sie ist mit ihrem „Programm" vorausgeprobt, und ihr Schlußakkord ist schon vorausvollzogen. Sie wird nicht Katastrophe sein, sondern mir die letzte, endgültige Freude bringen, die mir niemand mehr nehmen wird, weil ich am Ziele bin.

ICH KANN NICHT MEHR

Die Krankheit ist für den Menschen, auch in ihren leichteren und alltäglichen Formen, ein Einschnitt in sein bisheriges gesundes, „normales" Dasein. Der Mensch wird „aufgeschreckt" aus einem unreflektierten und für ganz selbstverständlich hingenommenen Handeln und dem Verfügen über seine Kräfte des Leibes und der Seele. Er trifft in der Krankheit auf etwas „Fremdes", das über ihn kommt und ihm Gesetzlichkeiten aufdrängt, denen er sich fügen muß, ob er will oder nicht. Er sieht sich eingeengt, zurückgedrängt und in seinem eigenen Verfügungsbereich beschnitten. Er muß sich auf eine nur sehr schmale Basis des Seins und der Eigenmächtigkeit verweisen lassen und in Selbstbescheidung die fremden Mächte an sich walten sehen, die sich ohne sein Wollen an ihm austoben.

Dauert die Krankheit länger und nimmt sie bedrohlichere Formen an, so treten nicht selten unter dem Druck der körperlichen Schmerzen seelische Irritierungen, ohnmächtige Abhängigkeit von Gefühl und Stimmung, ja völliger Verlust des seelischen Gleichgewichtes ein. „In der Qual des Fleisches liegt eine unergründliche Demütigung des Geistes, der durch die Wucht der Schmerzen bis zur Ohnmacht und bis zum Versagen vergewaltigt werden kann." So habe ich einmal bei Ida Fr. Görres gelesen.

Es hat auch bei mir ganz harmlos angefangen. Eine kleine Routineoperation am Knie. Der Erfolg stellte sich nicht ein. Aus irgendwelchen Gründen kommt eine Sepsis dazu, die monatelang trotz massivster antibiotischer Behandlung im Körper rumort, alle Hauptorgane angreift, Lunge, Herz und Magen zum Kapitulieren zwingt, aber vor allem das Kniegelenk bis zu osteomyelitischen Veränderungen hochgradig entzündet. Ein Gipsverband löst den anderen ab. Heftigste Schmerzen halten monatelang an. Die Nächte bleiben schlaflos — diese furchtbar langen Nächte — und auch stärkste, schmerzstillende Mittel helfen nichts. Die Nerven sind „durch", und der Wille hat die Kontrolle über Gemüt und klare Einordnung der Tagesereignisse schon längst verloren. Was da nach Monaten im ständigen Schweiß der Mattigkeit und Ohnmacht im Bette liegt, ist nur mehr ein Schatten von mir. Unter Schmerzen, die stundenlang weiterwirken, werde ich täglich mit einem Hebekran für die nötige Pflege im Bett wenige Zentimeter gehoben, und das wenige Essen, das mir aufgezwungen werden muß, wird mir wie einem Baby Löffel für Löffel eingegeben. Die geringsten Bewegungen entreißen mir entsetzliche Schreie, die über die ganze Krankenabteilung hin hallen und schon zum gewohnten Alltagslärm auf der Station gehören.

Bei all dem wird mir Wochen hindurch die ärztliche Visite zu einer seelischen Qual, weil ich unzweideutig zu erkennen bekomme, daß man mich mit all meinem Gejammer und der nach Apathie aussehenden Widerstandslosigkeit und Kraftlosigkeit meines Organismus für wehleidig und für einen Simulanten hält. Bis eines Tages der helle Eiter aus dem entzündeten Kniegelenk tritt!

Der absolute Nullpunkt meiner körperlichen und moralischen Kräfte ist nicht fern. Wieder einmal im „Gipszimmer", erwarte ich nichts sehnsüchtiger als die Evipan-Spritze für die Narkose, die mich wenigstens für eine halbe Stunde dieser Qualen entledigt. Als ich wieder erwache und die Tortur des Hinüberhebens in mein eigenes Bett hinter mir habe, sind die Schmerzen

unerträglich. Ich bin am Ende. Ich kann nicht mehr! Laßt mich sterben, das halte ich nicht mehr aus! Das Herz streikt kurz darauf. Als ich durch heftige Schmerzen aus der Bewußtlosigkeit erwache, sehe ich mich umringt von etwa zehn Ärzten, die an mir arbeiten. Später erfahre ich etwas von einem „Herzstillstand" und komme zum erstenmal mit der Einrichtung des „Herzalarms" in Berührung, jenes „fliegenden Trupps von Ärzten", die jederzeit in Bereitschaft stehen, um in wenigen Augenblicken an jedem Krankenbett der großen Klinik „Herzpannen" zu beheben.
Absoluter Nullpunkt!
Was da noch übrig ist von jenem Individuum, dessen Geist sich in gesunden Tagen über Zeiten und Welten erhaben wähnte, sind nur mehr Scherben und Trümmer: ein kläglicher, unansehnlicher Rest, ein Häufchen Ohnmacht. „Ich kann nicht mehr!"
Ich kann mir vorstellen, daß Menschen, die keinen Glauben und „keine Hoffnung" mehr haben, wenn sie an diesem Punkte angelangt sind, nun sagen: „Jetzt ist es Schluß" und Hand an sich legen, um aus dem Leben auszusteigen. Eines der dringlichsten Anliegen der Seele ist in diesen Augenblicken das Gebet, doch die Vernunft zu behalten und das Licht nicht aus dem Auge zu verlieren, das gewiß wieder heller leuchten wird.
Der *Glaube* ist in solchen Momenten wahrhaftig kein „Wohlstandsprodukt". Er läßt mich an dem Sinn dieser Scherben und an der „Macht", die in dieser Ohnmacht liegen kann, festhalten.
Ob Gott mit solchen Resten noch etwas anfangen kann?
Mehr als Scherben kann ich ihm nicht hinhalten.
In diesen Augenblicken restlosen Unvermögens stoße

ich immer wieder auf *jenen,* der die gleiche Ohnmacht zum erstenmal durchstanden — und sich ihrer nicht geschämt hat. Je mehr ich zusehe, desto deutlicher erkenne ich, daß CHRISTUS nicht jener „Held" sein wollte, der sein Erlösungswerk nur so „mit erhobenem Haupt", unbeeindruckt und unberührt, bloß so „nebenbei" und mit Leichtigkeit vollbringen wollte. Was uns in seiner Ölbergszene geschildert wird, grenzt an eine Ohnmacht, die man einem Menschen, der zugleich Gott ist, nicht zugemutet hätte.

Wer ferner den Bericht über seinen Kreuzweg liest, wird nicht übersehen können, daß Christus diesen Weg allein nicht mehr geschafft hat, so daß man ihm das Kreuz, dieses sein ureigenstes und ihm unabstreitbarstes Instrument zur Erlösung, hat abnehmen und einem anderen hat aufladen müssen. Und Christus will das alles geschehen lassen, will sich gar nicht wehren dagegen, hat gar nicht den „Ehrgeiz", es allein und ungebrochen zu schaffen. Er will sich nicht dagegen wehren, hinter seinem eigenen Kreuz hergehen zu müssen und zu sehen, wie ein anderer dieses trägt. Christus will die Ohnmacht des Nicht-mehr-Könnens auf sich nehmen und für uns alle durchstehen.

Oder erst recht seine Einsamkeit, die jedem auffallen muß, der nur ein wenig aufmerksam zusieht.

Allein und unverstanden ist er am Ölberg. Und einsam ist er erst recht, da er über der Erde erhöht am Kreuz hängt. Und keiner kann ihm helfen!

Die restlose Kraftlosigkeit schafft in der Tat stets ein nahezu unerträgliches Alleinsein, in dem man sich ausgestoßen fühlt wie ungeschütztes und ziellos gepeitschtes Treibholz, weil man verspürt, daß einem niemand die Last abnehmen kann. „Die Kelter trat ich ganz allein!"

Es mag beruhigend sein, liebe Menschen das Bett umstehen zu sehen und aus jedem ihrer Blicke Hilfe und Anteilnahme ablesen zu können. Aber das Ausgespanntsein auf das Kreuz kann niemand abnehmen. Erst recht nicht, wenn die Nacht kommt, die unendlich lange, schmerzende Nacht! Dann ist man erst recht einsam und muß alles allein durchstehen, wie Christus die Nacht und den großen Tag seiner Leiden allein durchstehen mußte.

Wäre also mein eigenes Unvermögen gar eine Weise der Christusähnlichkeit, ein Nachvollzug jenes „Unterganges" des Erst-Menschen Christus, aus dem die Menschheit neu erstand? — Dann wäre ja dieser „Nullpunkt" der eigenen Ohnmacht nicht Abschluß, schon gar nicht Katastrophe, sondern Neubeginn und Anfang des Werkes Gottes an und mit mir!

Vielleicht möchte — und muß — Gott dieses Ende in menschlichem Unvermögen abwarten, um erst dann in und mit einem Menschen neu beginnen zu können. Alle Anzeichen sprechen dem Glaubenden dafür, daß es so ist.

Wenn je ein Mensch aus Krankheit und Leid gewandelt hervorgeht, dann geht sein neuer Weg immer von einem solchen „Nullpunkt" aus, an dem er sich in seiner restlosen Machtlosigkeit erlebt hat. Es kommt stets darauf an, diese Machtlosigkeit — man kann sie auch hinweglaugen oder verharmlosen — in ihrer Bedeutung zu bejahen und in den weiteren Lebensvollzug einzubauen. Der Christ ist durch Wort und Lebensbeispiel Christi und seiner Jünger belehrt, das eigene Unvermögen nicht irgendwo, sondern ganz zuunterst zu hinterlegen, um auf ihm als auf der untersten Stufe und dem Fundament sein christliches Dasein aufzubauen. Wer die menschliche Widersprüchlichkeit solchen Tuns nicht einsieht, ist zu bedauern. Aber es ist die Paradoxie der Religion des Kreuzes: daß aus Tod Leben, aus Sterben Auferstehen, aus Leiden Freude, aus Nichtkönnen weltüberwindende Kraft ersteht.

Das „Ich kann nicht mehr!" des Menschen wird zum „Ich vermag alles in dem, der mich stärkt" des Christen, der gerade dann „stark" ist, wenn er als Mensch „schwach" ist. Denn die Kraft des Christen kommt in der Schwachheit zur Vollendung. Und wie Paulus muß man sich dieser Schwachheit sogar rühmen, damit die „Kraft Christi immer mehr in einen einzieht" (2 Kor 12, 9—11).

Man muß sich gerade in einer Zeit enthusiastischen Aktivitätstaumels zu dieser „Torheit und Paradoxie des Kreuzes" bekennen und immer wieder den Mut aufbringen, von jenem Nullpunkt des eigenen Unvermögens auszugehen. Erst dann ist man auf dem Weg, ein Christ zu werden, das ist, ein Instrument in der Hand Christi und des Vaters, der gerade das Schwache erwählt hat, um die „Starken" zu beschämen und der auch für unsere Tage das Heil bereithält, das aus dem Kreuz — und nur aus dem Kreuz — kommt.

ERSTE SCHRITTE

Nach Monaten regungslosen Daliegens auf dem Rücken werde ich eines Tages zum erstenmal im Bett aufgesetzt. Die Welt bietet einen ganz anderen, eigenartigen Anblick. Man fühlt sich dazugehörig, nachbarlich dabei, aufrecht, nicht mehr rein passiv und rezeptiv. Aber die Herrlichkeit dauert nicht lange. Der Kopf wird schwer, die Wände meines Zimmers fangen zu schwanken an, und nach einer Minute lege ich mich gerne wieder zurück in mein Kissen. Morgen das gleiche noch einmal. Dann immer wieder, sogar öfter am Tag.

Es geht langsam, unendlich langsam aufwärts. Übungen des Querbettsitzens folgen. Bis eines Tages unter zahlreicher Assistenz die erste „Bodenlandung" zustande kommt. Ich stehe da wie ein eben erst aufgestellter Maibaum, allseits gestützt von Schwestern und von „Wache haltenden" Ärzten.

Zwei Minuten zu stehen — nur zu stehen —, das ist die „Heldenleistung" dieses Tages. Dann zurück in das Bett. Man braucht es mir nicht zu befehlen. Ich falle von selbst zurück und verschnaufe wie nach einem Wettkampf. Am nächsten Tag folgen die ersten Schritte. In der Abfolge dieser Übungen führt man mich auch auf den Gang hinaus. Erst jetzt sehe ich, wo ich mich seit Monaten befinde. Das Stationspersonal umsteht mich staunend und nimmt an jedem Schritt, den ich machen kann, freudigen Anteil. Das hat nach all dem, was man mit mir hier erlebt hat, wohl niemand mehr erwartet!

Diese Reaktivierung nimmt Wochen, ja Monate in Anspruch und erfordert ein gerütteltes Maß an Ge-

duld von mir und meinen Helfern. Jeder neue Schritt muß von uns gemeinsam erkämpft werden. An die Stelle der „lebenden Stützen", der Schwestern und Physiko-Therapeutinnen, treten zwei Krücken, die noch sehr lange meine Weggefährten bleiben.
All diese Vorgänge des Wiederanschlusses an das Leben, der buchstäblichen Rückeroberung jedes Einzelmillimeters an Boden in mühevoller Kleinarbeit erhalten für mich bald deutliche Anzeichen einer unübersehbaren Transparenz, einer Durch-Sichtigkeit auf gleiche und ähnliche Vorgänge im geistigen und religiösen Lebensablauf.
Die Natur ist in ihrem äußeren Erscheinungsbild voll von Hinweisen auf die inneren Vorgänge in den Tiefen der Menschenseele. Man muß nur einen Blick dafür erhalten, um ihre Zeichensprache zu verstehen.
Die Natur liebt keine Sprünge; sie liebt das stetige Fortschreiten zur Vollendung, zur Ganzheit und Eigenständigkeit. Sie kennt die Geduld, das Wartenkönnen auf den Ansatz des nächsten Schrittes, während der vorausgehende noch im Ablauf ist. Die Natur hat Zeit. Sie meidet alle Gewalttätigkeiten, alle unausgereiften Überstürzungen. Die Natur ist ein trefflicher Lehrmeister.
In dieser Richtung muß ich mir in den Monaten der allmählich aufbrechenden Lebenskräfte vieles „sagen" lassen.
Es ist für den mitverfolgenden Geist kein Leichtes, Tag für Tag in stetiger Abwärtsbewegung das Leben einem Punkt zutreiben zu sehen, an dem der sichere Zusammenbruch, die Katastrophe, eintreten wird. Das alles stand in der „ersten Halbzeit" der Krankheit auf dem Programm.
Nun in der Aufwärtsbewegung ist es nicht minder

strapaziös, die Natur gewähren und ihren bedächtigen, vorsichtigen Gang gehen zu lassen. Die Geduld wird täglich auf harte Proben gestellt. Doch auch die Freude und die Zufriedenheit mit jedem Millimetererfolg und das Erlebnis eines neuen Lebensgefühles bleiben nicht aus. Man getraut sich in normalen Zeiten gar nicht zu sagen, worüber man sich in dieser Zeit der Rekonvaleszenz gar freuen kann. Das muß für Leute, die „im Leben stehen" und mit Krankheit noch nie etwas zu tun gehabt haben, reichlich banal und kindisch klingen. Ich sehe auch täglich, wie wenig eigentlich nur nötig ist, um sich wirklich zufrieden zu geben und ehrlich freuen zu können.

„In eurer Geduld werdet ihr eure Seelen besitzen", sagt die Schrift. Denn in dieser Geduld kann man noch bei sich sein und synchron verarbeiten, was an die Person herantritt. In der Ungeduld ist man sich selber voraus, ist nicht daheim, duldet nicht, was sich im Innern tut und möchte alles schon bereinigt haben, bevor es noch zur Frage steht. Die guten Dinge brauchen aber alle ihre Weile.

Meine „ersten Schritte" sind vorsichtige Schritte, und ich muß mich vor jedem neuen Schritt — besonders, wenn es treppauf geht — davon überzeugen, ob und daß der vorausgegangene gut abgesetzt ist! Das wird wohl jetzt stets so bleiben. Es schadet nichts!

Wie die Natur ihren bedächtigen Lauf hat, so kennt auch die *Übernatur* keine Überstürzungen.

Auch im übernatürlichen Leben der Seele gibt es diese Gesetzlichkeiten des stetigen, bedachten, wohlgezielten und langsamen Voranschreitens. Was Gott in uns hineingelegt hat, ist zwar drängende, beunruhigende „Dynamis", Kraft, die unaufhaltsam auf ein großes

Ziel hintreibt: auf die Vollendung des Seins aus der Kraft der Gnade. Aber der Werdegang, die Entfaltung, geschieht mit Bedacht und in Kontinuität.
Jesus spricht von dem „Himmelreich" in uns, das einem „Senfkorn", einem „Samen", gleich ist und wachsen muß, sich aber nur entfalten und zur Vollendung reifen kann, wenn es auf „gutes Erdreich", auf ein gut bereitetes Herz fällt und dort Frucht bringt „mit Beharrlichkeit" (Lk 8, 15).
Man muß an dieses heranwachsende „Himmelreich" in der verborgenen Tiefe des eigenen Erdreiches glauben und auch an seine stete Wirksamkeit und Entfaltung. Man muß so bescheiden werden, auch die kleinsten Schritte im geistlichen Streben noch für groß genug zu halten, um aus ihnen Anlaß und Worte der Zufriedenheit, der Freude und Dankbarkeit zu holen. Oft sehen sich die täglichen Neuanfänge wie „erste Schritte" an, und man möchte an ihrer Winzigkeit verzweifeln. Aber allen „ersten Schritten" folgen doch stets viele weitere Eroberungen an Boden, und alle anfangs tastenden, hilflos ausgreifenden Gehversuche werden zu weiten Ausflügen in die Welt Gottes. Man muß nur die Verzahnung eines jeden Schrittes in jeden weiteren vor Augen behalten. Dann bleibt man geduldig mit dem Erdreich, das man selbst vor Gott darstellt und vermag „Früchte" zu bringen, die ausgereift sind und für jedermann köstlich. Man entgeht vor allem der Gefahr, zu meinen, man „trete auf die Stelle", komme nicht voran und müsse am besten und vernünftigsten alles über Bord werfen und geistlich und geistig verflachen.
Und ein Letztes lehren mich diese ersten Schritte. Auch im religiösen Leben kommt man nie allein vorwärts. Wie bei jenen ersten Ausflügen aus dem Bett, die

mich von Mal zu Mal selbstsicherer und bodenfester machen, und das durch die Unterstützung der anderen, brauche ich auch die unerläßliche Stütze der Mitmenschen im geistigen Wachstum und im Zugehen auf Gott. Was wäre aus mir geworden, hätte ich in diesen Monaten nicht die Hilfe von Freunden, Bekannten und allen jenen gehabt, die berufsmäßig an meinem Bett waren?

Auch in unserem Leben in Gott sind wir stets getragen von den anderen, von ihren Gebeten und Opfern. Wohl kein Schritt auf Gott zu kann vom Menschen allein gesetzt werden. Wir müssen daher immer einander Stab und Stütze sein und uns bei jedem Schritt gemeinsam vorwärtstasten. Wer vermag da schon zu sagen, wer wen am meisten braucht: der Kranke den Gesunden oder der Gesunde den Kranken? Oft, so will mir scheinen, haben die Rollen in meinem Krankenzimmer so schnell gewechselt, daß die „Stützenden" zu Gestützten wurden, weil wir alle noch „auf dem Weg" und gefährdet sind, und keiner unter seinem Dach gesichert lebt, solange er noch durch diese Zeitlichkeit pilgert. Christi Gesetz, daß wir einer die Last des anderen tragen sollen, gilt für uns alle.

Eines Tages aber werden wir keine Stützen und Krükken mehr brauchen. Vieles ist auch im Gehen auf Gott zu nur Krücke, die abgeworfen werden muß, weil es diesem Äon angehört. In der Vollendung aber wird alles Vorläufige vom Endgültigen, jeder Schatten vom vollen Licht, jede karge Anleihe vom Besitz des Ganzen abgelöst. Selbst Glaube und Hoffnung sind nur solche Krücken und Stützen, die ersetzbar sind und einst abgelegt werden müssen, wenn der Glaube in beseligendem Schauen und das Hoffen im Glück des erlangten und unverlierbaren Gutes in Gott endet.

Dann kommt das Volle und Ganze, das keinen Mangel mehr kennt.

Dann ist alles Stückwerk zu Ende.
Dann braucht nicht mehr gebangt zu werden vor Ausgleiten, vor Absturz, vor Zusammenbruch.
Dann ist die Fülle da und die Seligkeit.
Glückliches Ziel aller ersten Schritte!

UND MORGEN WERDE ICH GESUND SEIN

Ich spüre meine Kräfte wiederkommen. Und eines Tages wird der Augenblick da sein, da ich wieder meinen Platz in Kirche und menschlicher Gesellschaft einnehmen werde. Wird wohl alles wieder so sein, wie es ehedem war? Werde ich selbst noch derselbe sein?

Vieles spricht dafür, daß das wohl nicht mehr zu erwarten ist. Man kommt aus einer Krankheit nie wieder so heraus, wie man in sie hineingegangen ist. Damit werde auch ich rechnen müssen. Worin die „Wandlung" besteht, vermag ich (wie jeder andere in meiner Lage) nur sehr schwer anzugeben. Ich ahne den Unterschied zu früher, ich spüre, daß· vieles, das mir einst selbstverständlich war, nicht mehr an mir ist; daß umgekehrt anderes in mich eingegangen ist und nun zu meinem Personbestand gehört, was mir ehedem fremd war.

Wichtiger scheint mir die Frage: Wie werde ich künftighin in der Welt stehen, was werde ich als „Ertrag" aus meiner Krankheit in die Zukunft mitnehmen (müssen)?

Wie ein Reisender, der vor der Einfahrt seines Zuges in den Bahnhof, wo ihn im nächsten Augenblick das treibende Leben verschlingen wird, seine unbedingten Habseligkeiten zusammensucht, so schaue ich um mich, was ich (noch) zur Verfügung habe, um es für das morgige Leben einsetzen zu können.

Als erstes müßte ich wohl eine gewisse *Bedachtsamkeit* mitnehmen, die alle meine Aktionen und Reaktionen in Hinkunft zu „beschweren" hat.

Etwas Überlegendes, Abwägendes liegt, so merke ich, in letzter Zeit über allem Planen und Disponieren. (Ob

das auch daher rührt, daß ich in Hinkunft auf Grund eines zurückbleibenden, körperlichen Gebrechens nie mehr „zwei Schritte auf einmal" werde nehmen können? Ob das gar eine Form jener Bodenfestigkeit ist, die angeblich jedem eigen wird, der durch die Schule des Leidens gegangen ist?)
Mag sein. Ich muß damit rechnen, daß mir diese Bedachtsamkeit bisweilen auch den Vorwurf der geistigen Behäbigkeit, der mangelnden Initiative, und vor allem des Mangels an Idealismus, ja an Gottvertrauen einbringen wird.
Im guten Sinne müßte der „Ertrag" darin bestehen, daß ich wachen Sinnes *über* den Dingen stehe und mich von ihnen nicht hinwegschwemmen lasse. Die Schrift selbst mahnt mich zu dieser Bedachtsamkeit, wenn sie mich an den Mann erinnert, der vor dem Bau eines Turmes die Unkosten und sein eigenes Kapital überschlägt; oder an den König, der vor der Kriegserklärung an seinen Nachbarn die Aussichten auf einen Sieg genau abwägt (Lk 14, 28—33).
Sie sagt mir ferner, ich solle die „Geister prüfen, ob sie aus Gott sind" (1 Jo 4, 1); ich solle „alles prüfen" und das „Gute behalten" (1 Thess 5, 21).
Wer einmal sein Planen für eine festgefügte Zukunft so „durchkreuzt" sah, wie mir das durch diese Krankheit geschehen ist, darf nicht mehr so tun, als hänge alles vom Menschen ab, und als gäbe es Gottes Walten in der großen und kleinen Welt nicht mehr.
Jenes „Prüfen" und Bedachtnehmen und Überlegen ist darum nicht Rückzug, nicht Furcht vor dem Engagement, sondern ein höchst aktives „Suchen" des göttlichen Willens, der aus den Ereignissen und den Dingen der Welt meines Alltags zu mir spricht. Wenn ich durch meine Krankheit zu diesem „Suchen" in täglich

harter Schulung besser disponiert worden bin, so wäre das ein erster „Ertrag", für den ich nur dankbar sein kann.

Ein zweites müßte bleiben und jeden weiteren Schritt meines Lebens bestimmen, wenn ich einmal ganz gesund sein werde: die Haltung der *Gelassenheit* den täglichen Geschehnissen gegenüber.

Ich habe erfahren, daß „Gott da ist", daß er uns nahe bleibt mit seinem Trost, auch wenn alle menschlichen Hilfen versagen, ja daß er gerade dann mit den Anzeichen seiner Güte und Vorsehung aufwartet, wenn wir uns ganz verlassen vorkommen. Aus diesem Wissen muß die Zuversicht bleiben, daß eigentlich nichts fehl gehen und mich nichts in der Welt aus der Bahn werfen kann, weil *er* auch weiterhin bei mir sein und jeden weiteren Schritt meines Lebens lenken wird. Denn alles ist von Seiner Liebe geprägt und kann darum nur zum Besten sein, auch dann, wenn es wieder Hartes, Unverständliches und (offensichtlich) Unzumutbares sein sollte.

In dieser Gelassenheit müßte es mir gelingen, nicht nur die Ereignisse, die die eigene Person betreffen, in ihrem rechten Stellenwert zu sehen und zu belassen, sondern auch über den Geschehnissen der Weltgeschichte und speziell der Personen um mich herum Gottes Walten zu wissen und an den Menschen nicht irre zu werden.

Gott, der Zeitlose, „hat Zeit". Das Warten-Können, bis der Kern zu Blüte und Frucht, bis ein kleiner Funke zu loderndem Feuer, bis eine leise und unbeachtete Regung zum endgültigen und vollen Sieg des Guten führt, dieses Wartenkönnen, das zur Gelassenheit gehört, brauchen wir gerade in unserer Zeit, die voller Fragen und Ruhelosigkeiten ist.

In der Gelassenheit bin ich allerdings alles andere als rein passiv. Vielmehr bin ich aufgerufen, auf meinem Posten zu stehen und unbeirrt den als recht erkannten Weg mitten in Sturm und Bedrohung zu gehen. Der Bootsmann, der in scheinbarer Passivität warten kann, bis sein Schiff langsam dem Ufer zustrebt, braucht trotzdem ein Höchstmaß an Anstrengung, Wachheit und Zielstrebigkeit. Die Gelassenheit, die ich brauche, weiß bereits von Augenblicken „hohen Wellenganges", und wenn ich in künftigen Fährnissen werde sagen können: Gemach, du hast schon andere Stürme durchgestanden, dann muß ich Gott dankbar sein für eine solche Vorschulung.

Aus diesem Wissen um Gottes Gegenwart muß ich eine Haltung der *Freude* und *Hochgemutheit* mitnehmen.

Wie nach der dunklen Nacht der helle Tag, wie nach Regen, Sturm und Gewitter die klare Luft und der heitere Himmel folgen, so müßte mir nun auch die „hilaritas mentis", die Fröhlichkeit, Beschwingtheit und Heiterkeit des Geistes bleiben. In ihr, als der einzig legitimen Grundeinstimmung des Gemütes, muß sich dann der Geist immer wieder aufschwingen, allen Ereignissen zuvorkommend Großes zu wagen und zu vollbringen, das Gute in seinen tausend Spielarten zu suchen, im Werk zu tun und stets mit den besten Kräften zu antworten, wenn Gottes Geist „aus den Zeichen der Zeit" zu mir spricht und mich zum Einsatz herausfordert.

Nur in der *Freude* soll das weitere Leben bestehen können, in Freude, die ich nicht erst passiv und rein rezeptiv von allüberall her zu erhaschen trachten darf, sondern die nur dann echt und christlich ist, und dann eigentlich erst entsteht, wenn und indem ich sie anderen zu geben bemüht bin. Zu dieser (gebenden) Freude bin ich durch das Evangelium aufgerufen, und sie hat auch für mich darin ihren letzten Grund, daß Christus „die Welt bereits überwunden hat".

Ein weiteres werde ich mitnehmen müssen in den Alltag von morgen: Die Erfahrung des *Kreuzes Christi.* Krankheit ist niemals nur vorübergehende „Episode", auch unter theologischem Aspekt nicht, sondern immer bleibender Anteil an Christi Erlöserleiden und darum stets zeitlos präsent und miteingehend in alle künftigen Vollzüge des Lebens. Christi Leiden nämlich ist noch immer am Werk, und die Krankheit eines Christen, die ergänzend zu Christi „Leidensmaß" dazukommt (vgl. Kol 1, 24), ist mit dem Herrenleiden fürderhin immer gegenwärtig. Wo also Christus fernerhin erlösen wird, bin auch ich mit meinem „Anteil" dabei, und alle weiteren Betrübnisse und Leiden, die meiner noch warten mögen, müssen (und sollen!) in Christus hineinmünden und „dazukommen" zu Seinem Werk an den Menschen unserer Tage.

Aus den „Erfahrungen" dieser Heilszeit der Krankheit wird für alle Zukunft die Vereinigung mit dem Kreuze Christi das Wesentlichste aller „Aktivität" bleiben müssen. Ich werde daran festzuhalten haben, daß jede noch so erfolgreiche Arbeit für Gott, die Kirche und die Menschheit in das Blaue getan ist, wenn sie nicht vom Kreuz her und aus dem Leiden Christi geboren ist und nicht die Kennzeichen der „Torheit des Kreuzes" an sich aufweist.

Aus dem Wissen um Christi Kreuz, das Menschen auch heute noch auferlegt ist, wird jeder *Kranke* und *Leidtragende* meine besondere Hochachtung, Liebe und Fürsorge verdienen. Ich werde mich ihm verwandt fühlen und ihm meinen priesterlichen Dienst brüder-

lich zur Verfügung stellen müssen: im täglichen Gebet, im eucharistischen Opfer, in der Seelsorgsarbeit an allen, die mir Gott anvertraut. Denn Christus ist in jedem Kreuzträger auch heute noch in unserer Mitte.
Und letztlich werde ich immer wieder das Lob des *guten Menschen* singen müssen.
Ich habe viel Gutes erfahren und viele gute Menschen kennengelernt. Das ist Verpflichtung. Sie haben an mir ihren Dienst getan in lautloser Unaufdringlichkeit und selbstloser Selbstverständlichkeit, und sie tun ihn täglich noch immer für die vielen Kranken und Leidenden. Auch ihre Zahl ist groß, Gott sei Dank! Man darf am Menschen nicht verzagen, auch wenn man von viel Unmenschlichkeit, Haß, Neid und Egoismus hört. Es gibt jene anderen, die gut sind, und die all das Negative und Böse, das es durch Menschen in der Welt gibt, aufwiegen. In der Reihe der Guten zu stehen, muß der tägliche Appell an mein Gewissen bleiben; ihnen helfen und in jeder Weise zu Diensten sein zu wollen, muß mein Hauptanliegen im priesterlichen Wirken auf den Menschen hin bleiben.
Gott ist unter uns auch in ihnen allen, die gut sind und sich selbst vergessen, ihren Mitmenschen, gerade den Leidgeprüften, dienen.
All das geht mir durch den Sinn, wenn ich freudig erregt an den „morgigen Tag" denke.
Es ist viel Heil, das „meine Augen geschaut haben", und ich glaube, daß ich einiges Rüstzeug für den Dienst an meinen Mitmenschen erhalten habe.
Mitten in diese aufbrechende Daseinsfreude hinein, die aus dem Erlebnis der wiederkehrenden Lebensgeister kommt, schenkt mir jemand eine Spruchkarte. Ein Satz des Dichters W. Bergengruen steht darauf, der wohl am besten geeignet ist, all das Vergangene

zu dem Programm zusammenzufassen, das den kommenden Alltag kennzeichnen soll:

> *Was aus Schmerzen kam,*
> *War nur Vorübergang.*
> *Und mein Ohr vernahm*
> *Nichts als Lobgesang.*